[はじめに] 今なぜ変化点管理なのか

　私は自動車部品メーカーで34年間、生産システムの開発をしてきました。入社してすぐに、3か月半の生産現場実習をしたときの印象は強烈でした。本社の職場に配属されてしばらくは、配属先の仕事が、会社の売上や利益につながっているという実感がありませんでした。何をしているときでも、絶え間なく製品をつくり続けていた生産現場がすぐ頭に浮かんできました。

　生産現場ほど、コストが直接見える場所はないと思っていました。会社を儲けさせているのか損をさせているのか、新人の私でもわかりました。

　それにもかかわらず、配属先で取り組んだ最初の仕事は、不本意な結果になりました。企画して立ち上げた全自動の組付ラインは、やっかいな不良を多発させて、生産現場に大きな迷惑をかけたのです。やっかいな不良というのは、不良率が高かっただけでなく、ほとんど手直しができるのですが、多種類を混流生産していたので、部品の交換や組付方法には細心の注意が必要でした。品質管理の難しい組付ラインでした。

　その苦くても貴重な経験は、その後の仕事に生かしました。品質管理に配慮した生産システムは、顧客満足を通じて明らかに利益確保に貢献しました。

　ところが、まもなく新たな生産システム上の課題が生じました。自動車部品事業の大幅な海外展開です。海外での製造は、国内と違うことが非常に多く、国内で確立した技術やしくみがそのまま海外では使えません。品質管理についていえば、管理すべき項目は増え、それぞれの変動する幅は大きく、目標品質を確保するのが難しくなりました。

　また、国内空洞化を防ぐ意味もあって、非自動車製品の事業化テーマも増えていきました。国内であっても、自動車部品事業との違いが大きいと、やはり海外展開と同様に、それまで確立した技術やしくみ、そして品質管理が使えないのです。このことは、実際に製造現場を担って経

験しました。

　社内でそのような経験を積みながら、一方で、異業種交流を通じて、多くの製造業が、海外展開や事業拡大で、同じ問題を抱えていることも知りました。

　現在では、あらゆる製造業が、大企業から中堅・中小企業にいたるまで、グローバルに展開しグローバルに競争する時代になりました。そして、ICTの急激な進化で、世界の生産現場もつながり始めました。つながることはメリットを生み出しますが、生産現場は、どこにあっても、どこかの国の政治や経済、文化、紛争、事件、事故、自然災害の影響まで、すぐに受けてしまうことにもなります。これらが直接・間接に変化点となって、製品の品質に影響を及ぼすことは、容易に想像できるでしょう。

　グローバル時代は、生産現場にとって、品質に影響を与える変化点が「数多くかつすばやく」現れる時代なのです。最新のセンサーやITツールも現場に多く導入されていますが、それを使うのは人間です。知識とスキル、経験が必要なのはもちろんですが、人間には、独断や勘違い、感情といった問題がつきまといます。人間の代わりとしてAIの活用もよくいわれますが、簡単ではありません。人間の問題の多くは、まだ人間が解決しなければならないのです。

　こういう時代にこそ、日本の製造業が長い年月をかけて培ってきた競争力の一つである変化点管理を、あらためて学び直し、さらに強化する必要があります。その目的は、どのような変化に対しても強靭な製造体質をつくって、品質確保はもちろんのこと、さらに儲かる生産現場にすることです。

　そのため、本書は生産現場目線でまとめてあるのが最大の特長です。

　また、第1章から第5章まで、理解度を確認できるように章末にクイズ形式の設問を、第6章には、職場においてグループで議論しながら学べる演習問題とケーススタディを入れてあります。特にケーススタディは、人間くさい内容を盛り込みましたので、現実的な学習ができると思います。

目 次

[はじめに] 今なぜ変化点管理なのか …………………………………… i

第1章 グローバル時代のモノづくりと変化点管理 ……… 1

- 1-1 グローバル展開の特徴 ……………………………………… 2
  - 1-1-1 変化が不可避 ………………………………………… 2
- 1-2 品質問題は経営問題 ………………………………………… 4
  - 1-2-1 変化はリスク ………………………………………… 4
- 1-3 品質保証体系 ………………………………………………… 6
  - 1-3-1 品質保証、品質管理、品質検査 …………………… 6
  - 1-3-2 品質保証とは ………………………………………… 8
- 1-4 変化と品質管理 ……………………………………………… 10
  - 1-4-1 変更管理 ……………………………………………… 10
  - 1-4-2 変化点管理 …………………………………………… 12
- 1-5 生産現場の使命と変化点管理 ……………………………… 14
  - 1-5-1 生産現場の使命 ……………………………………… 14
  - 1-5-2 生産現場における変化 ……………………………… 16
  - 1-5-3 変化点管理の狙い …………………………………… 18
  - 1-5-4 変化点管理の対象 …………………………………… 20
- 1-6 第1章の演習 ………………………………………………… 21

第2章 生産現場における変化点管理の実際 ……… 25

- 2-1 変化点発見のための環境づくり …………………………… 26
  - 2-1-1 要因系の変化点は5M1Eでとらえる ……………… 26
  - 2-1-2 5M1Eでつくる特性要因図 ………………………… 29
  - 2-1-3 要因系の変化点の一般的な例 ……………………… 31
  - 2-1-4 異常（過去トラ）の掲示と原因となる変化点の説明 …… 33
  - 2-1-5 5Sの徹底 …………………………………………… 36

- 2-1-6　作業手順の標準化の徹底 ……………………………… 39
- 2-1-7　現場改善の着眼点 ………………………………………… 41
- 2-1-8　変化点ヒヤリハットの記録、予知訓練 ………………… 43
- 2-1-9　何でもいえる職場風土 …………………………………… 45

2-2　変化点見える化のためのツール ……………………………… 48
- 2-2-1　変化点を見える化するための基本的な考え方 ………… 48
- 2-2-2　あんどん ……………………………………………………… 50
- 2-2-3　変化点管理板（ボード）の活用 ………………………… 52
- 2-2-4　不良の発生状況から変化点を発見する方法 …………… 54
- 2-2-5　奥が深い「$\bar{X}\text{-}R$ 管理図」①工程能力調査の重要性 …… 58
- 2-2-6　奥が深い「$\bar{X}\text{-}R$ 管理図」②変動の判定ルールの運用は現場ごと …………………………………………………… 60
- 2-2-7　全数検査時の変化点管理の注意事項 …………………… 63
- 2-2-8　抜き取り検査時の変化点管理の注意事項 ……………… 65
- 2-2-9　異常連絡書・結果報告書 ………………………………… 68

2-3　第 2 章の演習 ……………………………………………………… 70

第 3 章　変化点に対する具体的なアクション ……………… 73

3-1　5M1E の見落としがちな変化点と対策 ……………………… 74
- 3-1-1　MAN の見落としがちな変化点 …………………………… 75
- 3-1-2　MACHINE の見落としがちな変化点 …………………… 79
- 3-1-3　MATERIAL の見落としがちな変化点 …………………… 81
- 3-1-4　METHOD の見落としがちな変化点 ……………………… 84
- 3-1-5　MEASUREMENT の見落としがちな変化点 …………… 87
- 3-1-6　ENVIRONMENT の見落としがちな変化 ……………… 89

3-2　なぜなぜ分析 ……………………………………………………… 92
- 3-2-1　なぜなぜ分析と他のツールの併用 ………………………… 92

3-3　5 ゲン主義 ………………………………………………………… 95
- 3-3-1　3 現主義 ……………………………………………………… 95
- 3-3-2　3 現主義から 5 ゲン主義へ ………………………………… 97

3-4　QC七つ道具 ······································· 99
　3-4-1　変化点を分析するための使い方 ················ 99
3-5　QCストーリー ····································· 103
　3-5-1　変化点が原因だった問題解決の模範例 ·········· 103
3-6　不適合ロットを流さない ························· 105
　3-6-1　不適合ロットの特定方法 ······················ 105
3-7　第3章の演習 ······································· 107

4章　問題解決後の歯止め ·································· 111
4-1　変化点管理の更新 ································· 112
　4-1-1　見直しと強化のポイント ······················ 112
4-2　変化点管理の標準化 ······························· 114
　4-2-1　知見の展開と道具立ての重要性 ················ 114
4-3　人材育成 ··· 116
　4-3-1　変化点管理教育のあり方 ······················· 116
4-4　職場環境 ··· 118
　4-4-1　改善マインドづくり ··························· 118
4-5　第4章の演習 ······································· 120

第5章　生産技術部門での変化点管理 ···················· 123
5-1　製造品質確保のツールの全体像 ··················· 124
　5-1-1　生産現場より上流にある三つのツール ·········· 124
5-2　工程FMEA ·· 126
　5-2-1　工程FMEAとは ································ 126
　5-2-2　変化点管理との関係 ··························· 128
5-3　QC工程図（表） ··································· 129
　5-3-1　QC工程図（表）とは ·························· 129
　5-3-2　変化点管理ポイントの記入 ····················· 131
5-4　QAネットワーク ··································· 134
　5-4-1　QAネットワークとは ·························· 134

5-4-2　変化点管理への応用 …………………………… 138
　5-5　第5章の演習 …………………………………………… 139

第6章　職場でできる変化点管理の演習 ……………… 143
　6-1　見落としがちな変化点の深掘り ………………………… 144
　　6-1-1　MAN ……………………………………………… 144
　　6-1-2　MACHINE ……………………………………… 146
　　6-1-3　MATERIAL ……………………………………… 148
　　6-1-4　METHOD ………………………………………… 151
　　6-1-5　MEASUREMENT ……………………………… 153
　　6-1-6　ENVIRONMENT ……………………………… 155
　6-2　現実的なケーススタディ ………………………………… 158
　　6-2-1　ケース1（自分の技術・経験をこえている場合）…… 158
　　6-2-2　ケース2（伝承のむずかしさ）………………………… 160
　　6-2-3　ケース3（職場風土と不正問題）……………………… 162
　　6-2-4　ケースを考えるヒント ………………………………… 164

付録　生産現場に知ってもらいたい変更管理 ………… 165
　付録1　初期流動管理における変更管理 …………………… 166
　付録2　設計部門が使う変更管理ツールDRBFM ………… 168
　付録3　ISO9001に見る変更管理について ………………… 170
　付録4　リスク管理とは ………………………………………… 173

[おわりに]　先輩・同僚へ感謝 ………………………………… 175

特別巻末付録　変化点管理チェックリスト ………………… 177

主な参考文献 …………………………………………………… 182

索引 ……………………………………………………………… 183

第1章

グローバル時代のモノづくりと変化点管理

ここではまず、変化点管理とは何であるかを学びます。品質問題における役割、品質保証体系での位置づけ、変更管理と変化点管理の違い、などを紹介します。

1-1 グローバル展開の特徴

1-1-1 変化が不可避

　今ごろグローバル時代だといったら笑われるかもしれませんが、製造業のグローバル展開は進む一方です。

　たとえ今は国内生産しかしていない会社であっても、やがて海外との接点を持つようになるものです。

　国内メーカーのサプライヤー（仕入先）のつもりでも、いつの間にか顧客が海外向けの製品をつくるようになって、納入品の仕様が変わります。もし顧客が直接海外メーカーになれば、製品そのものが変わるでしょう。

　また、部品や材料を海外から調達するようになれば、生産現場では受入れ検査を厳しくしたり、加工条件を調整したりするでしょう。調達に時間がかかり、日程管理が大変になりますから、生産現場のリードタイム短縮が必要になります。契約をしっかり結んでおかないと、突然入荷されなくなったりします。

　これが、海外で生産するとなると、もう何から何まで変わるでしょうし、また変えていかないと海外へ出る目的が果たせません。

　たとえば新興国に出て行く場合、自社の生産現場は手作業が多くなります。作業者は宗教を始めとして、風俗、習慣の異なる人たちばかりです。何を教えるにしても、その理由をきちんと説明しないと理解してもらえません。そして、指定された現調率（現地調達率）を確保するため、国内でもめったに見られない、**図表1-1-1**に示すような、5Sもできていない仕入先をパートナーにすることだってあります。足元をすくわれないために、生産現場からも、日本人の熟練作業者が、仕入先の指導に行くことがあるかもしれません。

　以上のように、今の時代は、生産現場に大きな変化がいつ起きてもお

図表1-1-1　新興国のパートナー（仕入先）はこんなかも

かしくない状況になっています。

　とはいえ、グローバル展開が原因で起こる変化は、会社としては覚悟の上でのことですから、前もって準備をすることができます。変化というより、変更という方が適切でしょう。業務プロセスでいえば、企画や開発、設計、生産準備段階が重要です。目的を明確にし、変更することで予想される課題をすべて出して、その対策を用意するのです。

　上流の仕事だからといって、生産現場は待っているだけの受け身ではいけません。一つの大きな変更からは、たくさんの小さな変化が発生します。それらの中には気づきにくい変化があるはずです。そういった変化に対して現場からの意見をしっかりいい、一方で変化に対する生産現場としての準備を早く始めることが重要です。なぜなら、生産現場というのは、素人なら見逃してしまうような変化が、実は製品の品質に大きな影響を与えることや、またそういった小さな変化に気づき対応するためのテクニックとしくみを知っている、変化に対するプロ中のプロだからです。

1-2 品質問題は経営問題

1-2-1　変化はリスク

　製品そのものや製造方法を変更したことで、製品の品質に問題が生じて、それに気がつかなかった場合、たとえば顧客の身に危険が及ぶとなると大問題です。もしそのビジネスがグローバル展開していたら、緊急対応だけでも世界中で実施しなければなりません。恒久対策は、法律や風土が違う国ごとにおこなう必要があるでしょう。現在の多くの会社は、海外からかなり資金調達していますから、問題はすぐに世界中で知られ、株価は下落して投資家は逃げていきます。資金不足で会社は倒産するかもしれません。

　グローバル展開が進んでいる今、生産現場は世界とつながっているのです。行ったこともない世界のどこかで、見たこともない人たちに製品が使われていると考えると、ちょっと恐ろしくはありませんか。

図表 1-2-1　海外生産のリスクの例

まして、生産現場が海外にあった場合、たとえ異常な変化に気づいたとしても、国内と同じようにすばやく対応できるでしょうか。日本からの支援はすぐには届きません。従業員は現地の人です。部品や材料の調達先も現地メーカーです。日本のように責任問題はとりあえず棚上げしておいて、全員で対応や対策に取り組む、ということはむずかしいと思います。

　ぼやぼやしていると、問題は世界規模になります。長期化します。近年、そんな会社をニュースなどで見たことはありませんか。

> **コラム　最初の対応の違いで大きな差**
>
> 　どちらもアメリカで起きた有名な例です。
>
> 　一つ目は、1982年に起きた、ジョンソン・エンド・ジョンソン社の鎮痛剤タイレノールの毒物混入事件です。新聞社から届いた通報の真偽を確かめるより、そして損得も度外視して顧客の安全を優先させ、同社は全米のマスコミを通じて積極的な情報公開をする一方、3100万個の回収作業を急ぎました。
>
> 　顧客は一時的に恐怖のどん底に陥りましたが、同社の姿勢は逆に共感を呼び、店舗から消えたタイレノールを市場に呼び戻しました。事件以前よりも同社に対する信頼や評価が高まったほどでした。
>
> 　二つ目は、2014年に発覚し、翌年世界で1600万台が対象のリコールに発展したタカタ製の欠陥エアバッグの問題です。あまりにも対象車が多過ぎたため、最初の判断を誤ったのかもしれません。自動車メーカーとの協力関係にもひびが入り、修理や回収が進まない中、疑わしいエアバッグの事故が全世界で続きました。その後、問題の隠ぺいまで報道され、同社の負債総額は1兆円を超え、結果として倒産しました。
>
> 　両社の製品の特徴からは、人の安全が最優先なのは共通でしょう。しかし、少なくとも最初の対応は異なっていました。それが、顧客からの信頼を取り戻し、さらにビジネスとして復活できるかの鍵を握っていたような気がします。

1-3 品質保証体系

1-3-1　品質保証、品質管理、品質検査

　変化点管理というと、品質管理の中の一つの技術だと思われるかもしれませんが、そうではありません。変化点管理は、品質保証や品質検査とも関係があります。

　私が考える品質保証体系は、**図表1-3-1（1）**のようなイメージです。一番内側にあるのが品質検査で、品質の判定（OK、NG）を下すことです。品質管理は、品質を目標に近付けるためのマネジメントで、その中に品質検査が含まれます。品質保証とは、品質を保証するためのしくみで、その中に品質管理が含まれます。

　別の説明をしてみましょう。

　品質検査をいくら頑張っても、不良品が良品になるわけではありませ

品質保証：品質を保証するためのしくみ

品質管理：品質を目標に近付けるためのマネジメント

品質検査：品質の判定(OK、NG)を下すこと

図表1-3-1（1）　品質保証と品質管理と品質検査

んし、不良率が下がるわけでもありません。

品質管理とは、品質を工程でつくり込むことです。品質管理をきちんとやっていれば、想定以上の不良を発生させることや、後工程へ不良を流出させることを防止できます。しかし、他社との競争に勝つために、つくりにくい製品設計になってしまうことや、非力なパートナーと一緒にモノづくりをすることを回避することはできません。

品質保証は、あらゆる手段を講じて品質を保証するしくみです。つまり品質管理以外の手段もふくまれます。顧客の要求を品質とすれば、極端な話、100％良品でなくても、苦情をいえばすぐ対応してくれる会社の製品は、品質が保証されていることになります。

本書の変化点管理の説明では、品質検査に踏み込んだり、品質保証の枠まで広げたりしています。変化点管理は狭い領域の話ではありません。

ところで、業務プロセスの初期の段階に、関連部門がすべて参画しておこなう活動をコンカレント・エンジニアリングといいます。その中では、変化点を意識して品質をつくり込むということも当然なされます。本書ではコンカレント・エンジニアリングの詳しい説明はしていませんが、品質だけでなく多くの目的達成に役立つ活動です。興味のある方はぜひ拙著『トコトンやさしいコンカレント・エンジニアリングの本』(日刊工業新聞社) をお読みください。

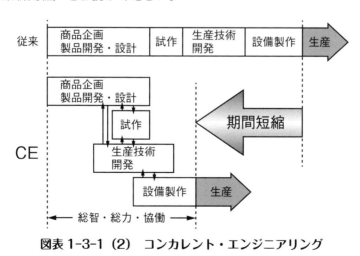

図表1-3-1 (2)　コンカレント・エンジニアリング

1-3-2　品質保証とは

　モノづくりプロセスの全体像は、**図表 1-3-2（1）**のように表現できます。一方は、製品のライフサイクルに関わる企画・開発から回収・廃棄にいたるまでのエンジニアリングチェーン。他方、直接製造に関係しているのが、原料・部品から物流・販売にいたるまでのサプライチェーン。これら二つのチェーンは、「製造」で交差しています。そして、どちらも、ちょっと見えにくい外部環境の影響を受けます。外部環境とは、政治、経済、文化……とさまざまなものがあります。

　品質保証は、外部環境を意識しながら、これら二つのチェーンすべてのプロセスの中で実現します。全体最適をはかっているともいえるでしょう。

　また、品質保証の本質は、**図表 1-3-2（2）**に示すように、二つのチェーンにおいて情報を途切れさせないことともいわれます。たとえば、全体最適をはかるなら、どのプロセスで生じる問題でも、情報を途切れさせなければ、最適なプロセスあるいはその組み合わせを選んで対策を打つことができます。

　グローバル時代は、二つのチェーンのプロセスがそれぞれ世界中のどこにあるかはわかりません。外部環境は大きくかつ速く変化します。海外の場合、外部環境の中には、習慣、風土、宗教、歴史、法律、インフラなど、注意しなければならないものがたくさんあります。想定外のパートナーも増えます。品質保証のポイントは、各プロセスの間で品質情報のチェーンを切らないことです。

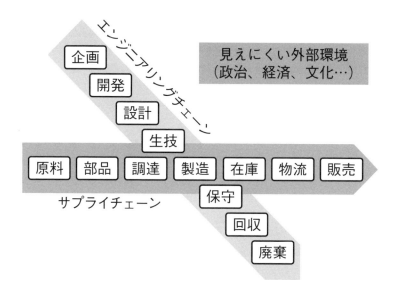

図表1-3-2(1) モノづくりの全体像

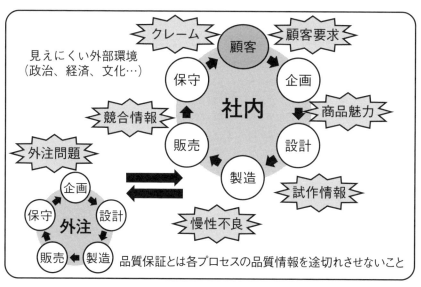

図表1-3-2(2) 品質保証システムの本質
(JMA『生産技術者マネジメントガイド』知識ガイド①を参考に筆者作成)

第1章 グローバル時代のモノづくりと変化点管理

1-4 変化と品質管理

1-4-1 変更管理

　言葉の定義ですが、本書でいう変化とは、生産現場で起こる変化のことです。また、その変化を、意図した変化と意図しない変化に分けています。このあと、1-5-2で、あらためて説明します。

　変化に対する品質のつくり込みには、二つあります。よく似た表現ですが、変更管理と変化点管理です。

　まず変更管理ですが、変更管理は、目的を持って意図的に発生させる変化を管理することです。

　エンジニアリングチェーンの中でおこなう変更管理は、源流管理の一つです。製品の競争力を確保するための品質や機能向上、コストダウン

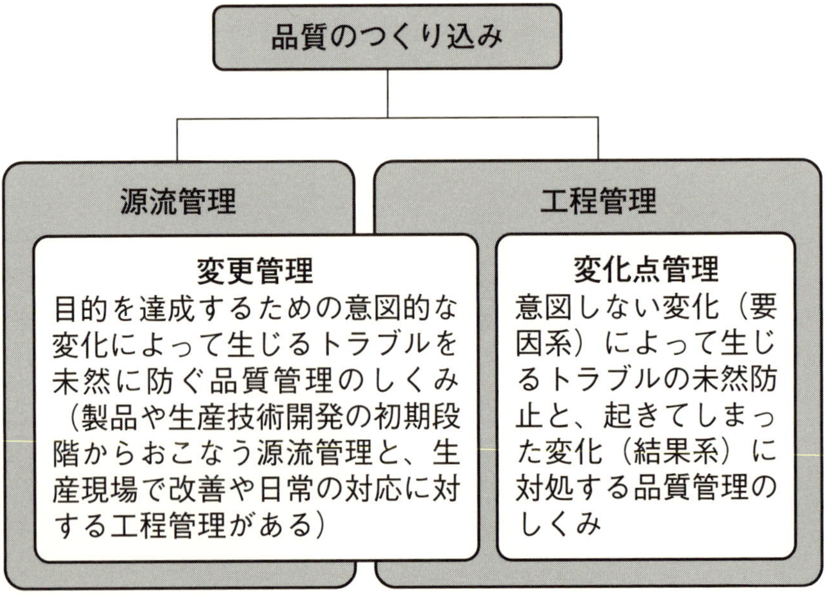

品質のつくり込み

源流管理

変更管理
目的を達成するための意図的な変化によって生じるトラブルを未然に防ぐ品質管理のしくみ（製品や生産技術開発の初期段階からおこなう源流管理と、生産現場で改善や日常の対応に対する工程管理がある）

工程管理

変化点管理
意図しない変化（要因系）によって生じるトラブルの未然防止と、起きてしまった変化（結果系）に対処する品質管理のしくみ

図表 1-4-1　変更管理と変化点管理

といった目的を持った変更なので、そのための品質確保として業務プロセスの初期段階から問題が発生しないように対策をとっていきます。初期流動管理が該当します。

　サプライチェーン、特に生産現場でも意図した変化があります。改善や生産量の増減対応といった、目的を持った変化です。この場合、変更管理は工程管理の一つになります。問題を発生させないための対策は、源流管理である初期流動管理の考え方を応用して、目的ごとにルールを決めておくとよいでしょう。

　変更管理は、**図表1-4-1**に示すように、源流管理の中にも、また工程管理の中にも含まれます。

　一方、意図しない変化は、サプライチェーン、特に生産現場で起こります。変化点管理は、意図しない変化によって生じるトラブルを未然に防止することと起きてしまった変化に対処するための品質管理です。変化点管理は工程管理の一つです。

　本書は生産現場目線で書いていますので、生産現場で起こる意図しない変化に加えて、目的を持って意図的に起こす変化も（そこから意図しない変化を起こす可能性がありますので）変化点と呼んで、変化点管理の対象にしています。

1-4-2　変化点管理

　源流管理と工程管理について、もう少し説明します。
　エンジニアリングチェーンの初期段階におこなう変更管理は、源流管理の一つだと説明しました。初期段階あるいは源流といっても、そのプロセスだけを最適にするのが目的ではありません。エンジニアリングチェーンの後半のプロセスや、サプライチェーンの全プロセスで問題が起きないように、全体最適をはかります。
　サプライチェーン、特に生産現場における意図した変化と意図しない変化に対する品質のつくり込みは、工程管理の一つだと説明しました。工程管理なら生産現場だけを注目すればよいのでしょうか。サプライチェーンのさらに上流や下流、あるいはエンジニアリングチェーンとの関係はないのでしょうか。実は深い関係があります。
　あとでまた説明しますが、変化点には要因系と結果系があります。要因系とは品質を変化させる原因の変化です。結果系とは、品質の変化そのもののことをいいます。
　変化した真因を調べていたら何かの変化を発見した。その変化の原因を調べたら、さらに別の変化があった。逆に、起こった変化が何かに影響を与えていないか調べたら、別のものを変化させていることに気がついた。その変化はさらに別のものを変化させていた。ありそうなことだと思いませんか。こう考えると、要因系の変化点はどこまでも上流へ、結果系の変化点はどこまでも下流へと調べる必要が出てきます。
　変化点管理においては、変化の真因と変化の影響を、それぞれサプライチェーンだけでなくエンジニアリングチェーンにおいても、上流と下流に対して調べる必要があります。たとえば、顧客への影響や地球環境への影響は、忘れてはならない検討項目です。また、真因の追求は、原材料だけでなく、開発設計にも目を向けなければ、恒久的な解決ができないことがあります。そして、外部環境はどちらにおいても十分に分析しておかなければなりません。
　それらを**図表 1-4-2** で示しています。

繰り返しになりますが、本書では、この生産現場で見つかる要因系と結果系の変化点に対する品質管理を、変化点管理と呼んでいます。

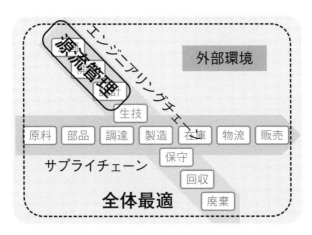

（1）源流管理は目的を果たすため全体最適をはかる

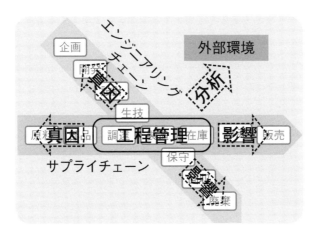

（2）工程管理は前後や上下流、周囲を意識する

図表1-4-2　源流管理と工程管理

1-5 生産現場の使命と変化点管理

1-5-1　生産現場の使命

　あらためて述べることもないでしょうが、生産現場の課題は、Q（品質）、C（コスト）、D（納期）、P（生産性）、S（安全）、M（モラール）、E（環境）など多岐にわたります。コストがかかるからといって、廃棄物の分別をやめたり不法投棄をしたりして、環境を悪化させてはいけません。生産性を向上させるために、邪魔だといって安全カバーを外したり、安全確認を省略したりしてはいけません。常にすべてを考えながら仕事をするのが、生産現場の生産現場らしいところだと思います。

　変化点管理も同じで、品質確保が目的ですが、チェック項目やポカヨケをどんどん増やして、生産性や作業者のモラールを低下させてはいけません。また、完璧主義をつらぬいて、何でも自動化してコストアップをまねき、念のための検査を増やして納期を遅延させてよいわけではありません。

　本書では、紙面の制約もありますから、どうしても品質に重点を置いた説明をしていきますが、実際の運用にあたっては、すべてのバランスも考慮した上で変化点管理を実行してください。

　生産現場の本当の使命は、Q、C、D、P、S、M、Eのバランスを考えながら付加価値を生み出すことです。たとえば品質向上であり、コストダウンです。その使命を果たすために、改善が必要になります。改善こそ、生産現場の真の仕事だといってもよいくらいです。

　しかしこの改善は、たいてい生産現場に何らかの変化を生じさせます。意図した変化ですが、変化はあらたな変化を生んで、さらに意図しない変化まで起こす可能性があります。そういった変化を恐れず、改善に取り組む姿勢も大切です。

図表 1-5-1　生産現場の使命

1-5-2　生産現場における変化

　製品の品質や特性の変化につながる変化には、意図しない変化と意図した変化の二つがあります。これらは変化を起こす変化で要因系の変化と呼び、製品の品質や特性の変化は、結果系の変化と呼びます。やっかいなのは、意図した変化から意図しない変化が起こる可能性があることです。これが起きた場合は、意図した変化が要因系の変化で、意図しない変化は結果系の変化ということになりますが、呼び方を議論していてもはじまりません。

　製品の品質や特性の変化も、意図しない変化も、そして意図した変化も、すべて生産現場で見られる（あるいは起こる）変化です。

　図表1-5-2を用いて、これらの変化をもう少し説明します。

　本書で変化点管理の重要な対象にしているのは、意図しない変化のことです。生産現場では異常ともよばれ、製品の品質や特性の予期しない

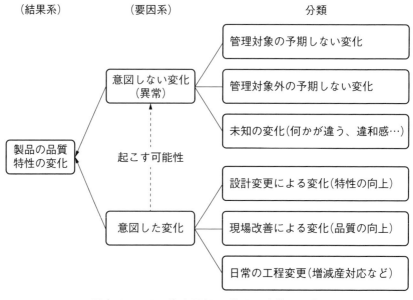

図表1-5-2　生産現場における変化の分類

望ましくない変化や、その可能性を感じさせる変化です。

　意図しない変化は、管理している対象だけでなく、重要度が低かったり、変化の不安がなかったりして管理していない対象でも起こります。また、図面や仕様書に明記されていない項目で、作業者が何かが違うとか違和感を覚えるような項目で、未知の変化として起こることがあります。

　次が、意図した変化です。製品特性の向上などを目的とした設計変更による変化、製造品質や生産性の向上などを目的とした現場改善による変化、そして増減産対応などを目的とした人員配置や使用設備台数の変更といった、日常の工程変更が意図した変化です。

　意図した変化からは、製品の品質や特性の（想定内の）変化が予想されますから、それらを管理対象にして大きな問題の発生を防ぎます。

　逆に、製品の品質や特性を管理対象にしておくと、新しい不良の発生や、不良率の増加などで、要因系の変化がすばやく予想できます。

　これら生産現場における変化は、生産現場の使命を阻害する恐れがあります。変化はリスクです。最初は小さな変化でも、ほうっておけば品質問題になり、経営問題につながる可能性がありますから、変化点管理は重要です。

コラム　作業者の「何かが違う」の重要性

　トヨタグループの会社で実際にあった話です。

　プラスチック成形品のバリ取りをニッパーでしていた、パートのおばさんが、切れ味がいつもと違う「さくい」ことに気がつきました。「さくい」というのは方言で、近い標準語を探せば「さっくりと」になるのでしょうか。いつもはパチンパチンといった切れ方だったのが、ロットが変わったらさっくりと切れるようになったのです。

　おばさんの報告を受けてしっかり調べたら、材料の組成に変化があったそうです。管理対象の寸法や色、外観などではわからない、初めての変化を、パートのおばさんの五感が発見したのです。

1-5-3　変化点管理の狙い

　一般に製造工程は一つだけではありません。いくつもの工程を経て製品がつくられます。サプライチェーンで考えれば、原材料から始まって、製品がお客様の手に渡るまでの保管や物流なども含めて、すべて製造工程です。

　変化はその長い製造工程のどこで起こるかわかりません。生産現場で発見された変化点が、元をたどるとずっと上流に原因があることがあります。また、生産現場で発見された変化点が、ずっと下流まで影響をおよぼして、新たな変化点を起こすこともあります。

　そうです。変化点は連鎖する可能性があるのです。生産現場で発見される変化点は、ある変化点の結果であると同時に、次の変化点の要因になっていることもあるのです。生産現場で発見される変化点には、要因系と結果系の二つの見方があることを肝に銘じておいてください。そうでないと、原因究明も問題対策も狭い範囲内でとどまって、慢性的な不良や大きな品質問題になってしまう可能性があります。

　さて、変化点の発見は、変化点管理の基本ですが、何のために発見するのでしょう。目的は、不良のような問題の発生を未然に防止することです。加工条件を調整するなど、対策方法は色々とあるでしょう。しかし、問題が発生したことがわかったら、処置をしなければなりません。不良品の発生だったら、それを廃棄し、間違っても後工程へ流さないことが処置でしょうか。それだけではありません。それでおしまいなら、品質検査と同じで変化点管理ではありません。変化点管理における問題処置とは、真因を究明して対策を打つことを含みます。むしろそのことの方が大事です。それから、後工程への影響が出ていないかも調査しなければなりません。

　しかし、真因究明も影響調査もすぐにはできませんから、適切な暫定処置が必要です。ラインストップや前後工程への連絡、流動品の全数チェックなどが含まれます。これは、複数項目を同時に満足させる使命を持つ、生産現場の宿命です。現実を熟知している現場の責任です。

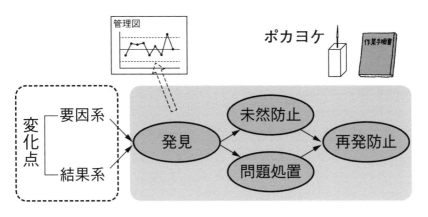

図表 1-5-3　変化点管理の狙い

　そして、真因究明と影響調査が終了したら、再発防止をしなければなりません。再発防止の理想は二度と起きない恒久対策ですが、実際には、コストや技術の問題などがあって、ポカヨケ設置や作業の標準化と教育・訓練で再発防止にすることも多いものです。

　図表 1-5-3 に示すように、変化点管理の狙いは、要因系と結果系の二つの見方がある変化点に対し、問題を未然に防止するために変化点を発見する、あるいは問題が発生したら処置をすることです。この場合の処置は、真因追求と影響調査を含みます。そして最後に、再発防止をするまでが変化点管理の狙いです。

1-5-4　変化点管理の対象

　変化点管理のイメージがだんだん明らかになってきたと思いますが、最後に、変化点管理が扱う主な項目をざっと眺めてみましょう。

　まず、変化点そのものです。長さや重さ、真円度、出力電圧といった製品図面や仕様書に書いてある項目です。結果系の代表例ですね。次に、要因系の代表例を出しましょう。温度や湿度、清浄度、回転数といった加工条件です。まだありますよ。作業者の体調や材料のロット、二社だてで部品を調達しているなら調達先も変化点に含まれます。

　また、変化点を発見するためのツールは、その良し悪しや使う対象によって発見の精度や感度が違ってきますから、変化点管理の扱う項目です。そういったツールには、管理図やチェックシート、あんどん、シグナルタワーといったものがあります。

　さらに、発見のための環境も重要です。作業者の知識や感性、職場の5S状況や何でもいえる職場風土などがツール以上に力を発揮することが多いものです。

　たくさん例をあげましたが、これらについては、第2章でさらに詳しく説明します。

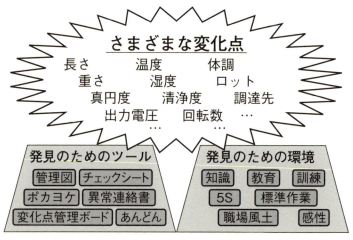

図表1-5-4　変化点管理の対象

1-6 第1章の演習

　第1章で学んだことの自己確認をしましょう。各設問の記述が正しければ○を、正しくなければ×を【　】の中に書き込んでください。

設問1　国内にある顧客のサプライヤー（仕入先）として仕事をしている限り、顧客がグローバル対応しても、自社には大きな変化は生じない。【　】

設問2　自社が海外生産を始める場合、海外でのパートナー会社の選択には、生産現場のベテランも参画するべきである。【　】

設問3　海外生産においても、日本と同等のレベルの品質を維持していれば、顧客から不満が出ることはない。【　】

設問4　日本と同じスペックの図面を受け入れてくれる海外のサプライヤー（仕入先）であれば、安心して部品や材料調達できる。【　】

設問5　海外でわずかな品質問題が起きた場合、それを隠蔽した場合の悪影響は日本国内の場合よりも甚大になることがある。【　】

設問6　品質検査を徹底していれば、製品の品質は必ず良くなっていく。【　】

設問7　変化点管理の取り組みは、品質保証、品質管理、品質検査すべての領域にわたって展開される。【　】

設問8　変化点管理の取り組みは、製造現場が主体的におこなうことであって、上流の設計部門や下流のサービス部門の参画は必要ない。【　】

設問9　モノづくりプロセスは、外部環境の中で実施されるエンジニアリング・チェーンとサプライ・チェーンの全体像であ

る。【　】

設問10　品質保証をするためには、すべてのエンジニアリング・チェーンとサプライ・チェーンにおいて生じる品質情報が、できるだけ行き渡るようにすることである。【　】

設問11　モノづくりプロセスにおける外部環境は、グローバル展開によって多岐にわたるだけでなく、時間的な変化もひんぱんになる。【　】

設問12　変更管理とは、目的をもって意図的に発生させる変化を管理することである。【　】

設問13　変更管理で扱う変化は、想定内の変化でありある意味正常である。一方、変化点管理で扱う変化は、想定外の変化であり一般に異常とよばれる。【　】

設問14　製品の特性や品質の変化は結果系の変化で、何らかの要因系の変化が原因となっている。【　】

設問15　意図した変化から意図しない変化が生じることはない。【　】

設問16　「何かが違う」とか「違和感がある」といった五感によるあいまいな変化は無視してよい。【　】

設問17　変化点管理の目的は、異常ともよばれる想定外の問題を発見すること、未然に防止すること、発生した場合の処置、そして再発防止である。【　】

設問18　変化点管理の対象は、変化そのものの項目や管理ツール、職場環境などがあるが、すべてを対象にすると膨大になるため重点志向してよい。【　】

設問19　変化点管理は、意図的に発生させる変化から生じる意図しない変化は管理の対象から除外する。【　】

第1章の演習の解答

　解答の×については、ヒントや解答例をつけておきますので、自分が間違っていると思ったことがその通りだったか、確認してみてください。もちろん、○を×だと思ってしまった設問については、該当箇所に戻って復習してください。

設問1 ×（顧客の商品が輸出されたり、海外の材料や部品を使うように変更されたらどういうことが起きますか）、**設問2** ○、**設問3** ×（海外の顧客の要求品質や、ライバルメーカーの品質は、日本と同じといえますか）、**設問4** ×（国内メーカーは規格の中でそろったものを出してくれることが多いですが、海外メーカーは不良が含まれていても改善ではなく別の解決―交換や金銭補償―を求めてくることがあります）、**設問5** ○、**設問6** ×（品質検査と品質管理、品質保証の違いは何ですか）、**設問7** ○、**設問8** ×（全社最適解の追求がその会社の真の競争力になります）、**設問9** ○、**設問10** ×（理想を目指して改善努力を続けなければどうなりますか）、**設問11** ○、**設問12** ○、**設問13** ○、**設問14** ○、**設問15** ×（DRや実験、シミュレーションで変化の推定は完璧といえますか）、**設問16** ×（生産現場で尋ねれば、経験があるといわれることが多いものです）、**設問17** ○、**設問18** ×（5M1Eで分類すれば効率的に対象を抽出できますが、重点志向で除外項目が生じるのは危険ではありませんか。5MIEについては第2章で説明します）、**設問19** ×（最初から除外してよい理由がありますか）

第2章

生産現場における変化点管理の実際

要因系と結果系に変化点を分け、変化点の見える化、発見する方法、その管理などをそれぞれで使用するツール類とともに紹介します。

2-1 変化点発見のための環境づくり

2-1-1 要因系の変化点は5M1Eでとらえる

　第1章で、変化点の見方として、要因系と結果系の二つがあると説明しました。これは、発見した変化点に対する見方であり分類です。
　変化点はまず発見しなければなりません。
　製品の品質や特性は、品質検査によって不良の流出が防止されています。そして、製品の品質や特性の変化は、結果系の変化点になりますが、普通は管理図などのツールを用いて管理されています。品質や特性を表す数値を統計処理した数値、また欠点数や不良率といった数値で管理します。どのような管理図を用いるかは、第5章で説明するように生産技術部門が決めます。生産現場の役割は、管理図を正しく使うことと、管理図で発見できないような、たとえば五感が教える変化点を発見することです。しかし、管理図を正しく使うことが基本ですから、このあと2-2の中で、管理図と変化点管理の関係を少し詳しく説明します。
　実は、要因系の変化点を発見するのは簡単ではありません。なぜなら、製品の品質や特性に影響を与える要因系の変化は、非常に数が多く、また状況によって、その影響度の順位が変わるため、管理の対象を限定したり固定したりできないからです。
　状況によって、と書きましたが、グローバル時代は、この状況が大きくかつ速く変化しますので、変化点管理の重要性が高まっているわけです。
　したがいまして、結果系の変化点のように、生産技術部門が決める管理方法に加えて、生産現場はあとは五感を働かせるだけ、というわけにはいきません。要因系の変化点に対する、生産現場の役割はきわめて重要です。
　この要因系の変化点を発見するために、品質管理では色々な手法が開

発されてきました。

　発見するための着眼点として、よく知られているのが4Mです。人（Man）、機械（Machine）、材料（Material）、方法（Method）という製造における重要な4要素の英語の頭文字をとったものです。もちろん、人とは作業者だけでなくオペレータや現場管理者、機械とは治具や刃具、材料とは部品や副資材なども含みます。

　本書では、**図表2-1-1**に示すように、これら4Mに、計測（Measurement）と環境（Environment）を加えた5M1Eとして変化点をとらえることを推奨し、以下解説していきます。計測機や検査装置の使い方が品質のつくり込みに重要な要素となっていることや、気候から工場内環境にいたるまでの製造環境がグローバルに広がっていることと、それが4Mと計測に与える影響が大きいことがその理由です。

図表2-1-1　要因系の変化点は5M1Eでとらえる

コラム　新加工技術は計測技術とセットで開発

　筆者の現役時代、新加工技術は計測技術とセットで開発しろ、と上司から必ずいわれました。

　ある先輩が、高い圧力に耐えられる気密構造を、欠陥のない鋳造技術を開発して実現しようとしました。ところが、内部の微小な欠陥を非破壊で計測できる技術は、X線を用いた汎用の精密測定機しかなく、生産現場の管理には不向きでした。そこで先輩は、欠陥の発生と鋳造条件の関係を解明するとともに、その鋳造条件を高精度にモニタリングできる計測技術を自ら開発しました。

　生産技術が高度化すると、計測技術が重要な鍵をにぎっていることが多いものです。変化点管理において計測が重要な理由の一つになっています。

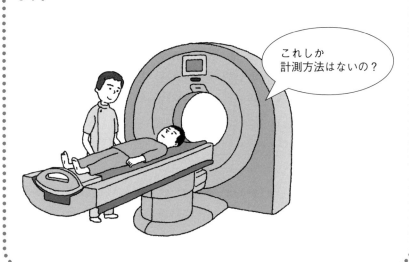

2-1-2　5M1Eでつくる特性要因図

　品質管理の手法であるQC七つ道具の一つに、特性要因図があります。俗に「魚の骨」とも呼ばれているものですね。**図表2-1-2**の上側に示すように、特性を右側に書いて、その特性に影響を及ぼす要因を、左側に書きます。要因は、大中小に分類して、要因（大）、要因（中）、要因（小）と分けて記入します。中央を貫く矢印が背骨で、要因（大）から背骨につながっている矢印を大骨、要因（中）から大骨につながっているのを中骨、要因（小）から中骨につながっているのを小骨と呼んでいます。

　筆者は、この特性要因図が、最も生産現場になじみやすい品質管理のツールだと感じています。ただし、QCサークル活動などで、さあつくろうといって、すぐ始められるのはよいのですが、役に立つところまで完成させるには、工夫と根気が必要です。

　この特性要因図を、変化点管理のために強化して活用する方法を、こ

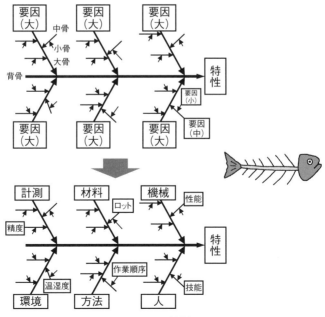

図表2-1-2　5M1Eでつくる特性要因図

れから説明します。

　まず、右側に書く特性は、結果系の変化点です。問題となっている製品の品質や特性で、左側の要因は、要因系の変化点だとしっかり意識します。図表2-1-2の下側に示すように、左側の要因（大）を、（通常は4Mですが）5M1Eつまり人、機械、材料、方法、計測、環境にします。これで準備はできました。

　次に、要因（中）、要因（小）を記入していくわけですが、変化点管理だからといって、変化しない（と思われる）要因を除外する必要はありません。問題となっている特性に影響を与えそうな要因はすべて書き込みます。変化する要因はもれなく書き込もうといっているのです。

　人の技能に差がないか、機械の性能が劣化していないか、作業順序が決まっていないのではないか、材料ロットによって特性が変わっていないか、計測精度がばらついていないか、温湿度の影響を受けていないかといった要因（中）を書き込んだとすると、要因（小）では、もっと具体的なことがらを書き込みます。実際に製品をつくっている現場を、頭の理解だけでなく、五感を通じて細部まで感じとっている生産現場の人たちが力を発揮するところです。

　一般に、特性要因図は、ブレーンストーミングでつくられます。リラックスした雰囲気の中で、生産現場の人たちで意見が出されます。変化点管理の場合は、以下の項目に注意します。

① 出てきた意見が変化する要因かどうか皆で確認し、できるだけ変化を連想しやすい表現にする（○○の変更、交換、切り替えなど）。

② 現場の一部になっているような作業者の感性から出る意見を尊重する（いつもと違う音、手ざわり、見た目など）。

③ ②と逆ですが、理論的な因果関係を見落とす恐れもあるため、技術者（製品設計や生産技術、工場スタッフなど）を同席させる。

　作成した特性要因図は、そのときだけの資料にせず、異常発見のデータベースや教育ツールとして、アップデートさせながら進化させることが必要です。

2-1-3 要因系の変化点の一般的な例

　変化点管理のため、5M1Eで強化した特性要因図を作成する場合、要因の中分類や小分類にはどのような変化点があるでしょうか。

　特性を生産現場の使命「付加価値を生み出すこと」と考えれば、それを阻害する可能性のあるものはすべて要因系の変化点です。その場合の要因は、5M1Eで分類するよりも、生産現場が常に意識している、Q（品質）、C（コスト）、D（納期）、P（生産性）、S（安全）、M（モラール）、E（環境）の方が適切かもしれません。つまり、要因の中分類や小分類は、柔軟に広く考える必要があります。特に、P、S、Mが影響していることを見落としがちです。

　5M1Eの見落としがちな変化点については、3-1でも詳しく述べますが、まずは、**図表2-1-3**に、一般的な要因系の変化点を示しました。

　その中でも、少し変わった変化点をいくつか説明しておきましょう。

　人の中に「休日明け」というのがあります。これからまだ1週間働くというのと、あと1日で休みだというのとでは、気持ちの点で人に変化がありませんか、ということです（Mが影響していますね）。材料・部品の中に「梱包状態」がいくつか書いてあります。員数の不足があった場合、補充して処置を終了してしまってはいけません。員数の不足の原因が何かによっては、現在入っている部品に何らかの変化が起きているかもしれないからです。荷崩れも同様で、整列させて処置を終了するのでなく、荷崩れによって部品の品質に何らかの変化が起きていないか注意しなければなりません（これらはPが影響していますね）。方法の中に「非定常作業」があります。たとえば、設備のチョコ停があったとき、どんな場合でも真っ先に安全カバーを開いていたら、その動作が次の何かを引き起こす可能性を見落とすことになります（これはSが影響していますね）。

　一覧表は一般的な表現になっていますが、特性要因図に記入するときは、その現場の言葉を使って具体的に記入します。設備・機械の中の「刃具交換」であれば、スローアウェイチップの交換なのかホルダー丸

図表 2-1-3　一般的な要因系の変化点一覧表

5M1E		人	設備・機械	材料・部品
主な変化点		作業者変更（受援）	突発故障	ロット変更
		作業者変更（新人）	段取り変更	仕入先変更
		タクト変更（増減産対応）	刃具交換	外観（変形、傷、色）
		人数変更（増減産対応）	型交換（更新）	外観（異品、異物）
		離業（短時間のもの）	設備変更（代替）	梱包状態（員数過不足）
		休日明け	劣化・寿命	梱包状態（荷崩れ・汚染）
		始業・終業時	始業時	異品・異物混入
		作業者変更（久しぶり）	定期点検・保全	使用・保管期限
		体調・病気・怪我・事故	プログラム改造	元原材料の変更
		緊張感（うっかり・ぼんやり）・モラール	チョコ停（さまざまな要因で発生）	（製品にならない）副資材・補助剤変更

（製品の特性に影響を与える可能性のある）代表的な要因系の変化点 10 項目を 5M1E で抽出・分類した。厳密に分類しているわけではないので、各職場で議論してもれなく出すことが大事。特性要因図作成の参考となる。

ごとの交換なのか ATC（自動工具交換装置）のツールの交換なのか、できるだけ具体的に記入します。環境の中の「照明度」でも、単純に明るいとか暗いではなく、天候による明るさの変化とか、省エネのために照明器具の数量を減らした、あるいは蛍光灯から LED に変更した、というように具体的に記入します。

方法	計測・検査	環境
加工条件	計測条件	温度
作業手順	計測精度	湿度
非定常作業	計器の校正・提検	気圧
運搬方法	マスターチェック	天候
荷姿	抜き取り頻度	清浄度（クリーン度）
保管方法	チェック頻度	振動
レイアウト	検査規格	騒音
プログラム	チェックゲージ	照明度
ポカヨケ	マスター、限度見本	匂い
カン・コツ作業	官能検査	ユーティリティ（電気、エアー、冷却水など）

2-1-4　異常（過去トラ）の掲示と原因となる変化点の説明

　工場見学をさせてもらうと、現場の知恵と思われるものによく出会います。そういうとき、私はつい立ち止まって、しばし我を忘れて見惚れてしまいます。そして、その現場で働く人たちに対する、親近感や尊敬の念が湧いてきて、ここで一緒に働いてみたいと思います（私ではだめでしょうが）。

　そういうものの中に、「異常掲示板」とか「過去トラ掲示板」があります。私が勤務していた会社のある工場では、その現場で発生している不良品の現物が壁いっぱいに貼り付けてありました。他人に見られると恥ずかしい、と管理者が思ったら、そんなことはできません。しかし、そうやって問題点を見える化し、仲間全員が共有すれば、一つひとつ知恵やアイデアが出てきて、その不良品は減っていくはずです。そして、働く喜びや成長する実感を皆で味わうことができるはずです。

　現物を掲示するのは、なかなか強烈ですが、**図表2-1-4**に、異常（過

【作業者】の違いで起こる、同じ不良でも発見数が違う（官能検査）。	【管理図】で見つかった異常の例（段取替え直後は不良率上昇）。	【計測】装置の劣化や変動に気づかず不良を流出させた例。
【物】をよく見るとわかる（初物や仕入先違いの微細だが異常な変化）。	【設備】の異常で、音や振動、発熱といった五感で気づいた変化の例。	【環境】気温が高くなると（季節の変化で）増える不良とその理由。

図表 2-1-4　異常（過去トラ）掲示板

去トラ）掲示板のイメージを示しました。近くに寄って見れば、それぞれに写真や図、グラフと解説が書いてあるというものです。最初は現象の説明ぐらいから始まり、だんだん真因を明らかにして対策が打てれば、説明は充実して過去トラになり、さらに教育ツールとしての機能も果たせるでしょう。発見者や作成者の名前と顔写真を示すのも、モチベーションや現場力の向上に役立ちます。

> **コラム** **ボルトはどこへ消えた？**
>
> 筆者が最初に設置した全自動組付ラインでの苦い経験の一つです。
>
> あるとき、私の目の前で、不良が発生しました。4本同時のボルト締付ステーションで、1本が締め付けられていませんでした。こういう場合、その1本のボルトを発見するまで、設備を再稼働してはいけないルールになっていました。なぜなら、そのボルトが設備内で不具合を起こす可能性があるからです。
>
> ボルト探しが始まりました。別のオペレータもやってきました。私も手伝いましたが、どこにも見つかりません。やがて、現場監督者が到着して、「設備再稼働」の判断を下しました。不良品は手直しせず、取り除きました。あとで、じっくり観察するためです。
>
> 数分後、ボルトが見つかりました。最終検査ステーションで、不良品の隣にあった製品が回転不具合を起こしたのです。中からボルトが出てきました。製品には小さな穴があり、そこから飛び込んでいたのです。
>
> ボルト締付ステーションに、どのような対策がとられたかは、容易に想像がつくと思います。めったに起こらない、あるいは予想しにくい異常に対しては、過去トラのような形で伝承されることが重要です。
>
>

2-1-5　5Sの徹底

5Sはいうまでもなく、整理（Seiri）、整頓（Seiton）、清掃（Seisou）、清潔（Seiketsu）、躾（Shitsuke）のローマ字つづりの最初のイニシャルSによる名称で、製造業、サービス業などの職場環境の維持改善に使われる言葉です。

職場環境だけでなくコストダウンにもつながりますから、多くの企業が、この5Sを徹底しようとしています。実は、**図表2-1-5（1）**に示すように、これが変化点発見のための環境づくりにつながっているのです。

生産現場を例に、具体的に説明しましょう。

5Sの筆頭である「整理」だけ意味を説明しておきます。この意味は

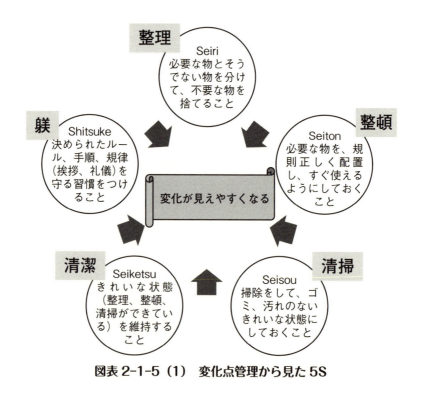

図表2-1-5（1）　変化点管理から見た5S

「生産現場に不要なものは捨てる」です。見えないところへ運んで保管する、というのでは整理になりません。近いうちに使う（たとえば予備品として）ならかまいませんが、そうでないなら捨てる、です。家庭では、もったいないから取っておくことはあるかもしれませんが、生産現場では「不要なら捨てる」です。当たり前と思いがちな5Sは、けっこう奥が深いというか、徹底するのはむずかしいものです。

さて、他の4Sについてはいちいち説明しませんが、5Sを徹底した現場であれば、変化が見えやすくなることは想像できるでしょう。

たとえば、5Sを徹底した職場の、共用工具置き場のイメージが、**図表2-1-5（2）**です。必要な工具が、種類と数だけでなく、置く場所、置く姿勢まで決められていますから、なくなっている、入れ替わっている、破損しているといった変化が管理者にすぐわかります。また、こういった共用工具置き場がありながら、現場に工具がチョイ置きされていたら、何かあったな、とすぐわかります。

似た手法に3定という言葉があります。生産現場の部品や材料の置き方でよく使われます。どこに（定位置）、何を（定品）、どれだけ（定量）置くかを、それぞれきちんと決めておくことで、3つの定から3定

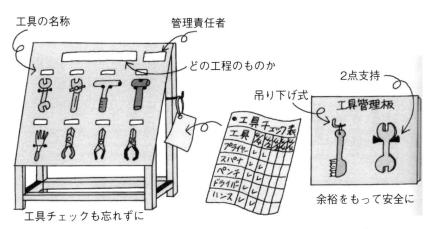

図表2-1-5（2）　5Sが徹底された職場の共用工具置き場
（出典：『トコトンやさしい作業改善の本』p53から）

第2章　生産現場における変化点管理の実際

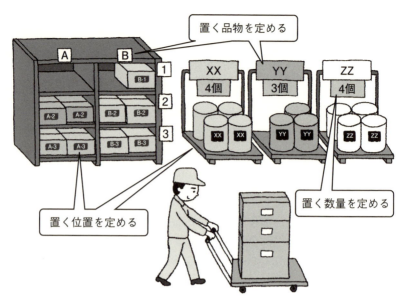

図表 2-1-5（3）　変化点管理に利用できる3定「定位置」「定品」「定量」

と呼ばれます。**図表 2-1-5（3）**は、そのイメージですが、実際の現場では、この決められた状態を写真に撮って掲示すると、変化がはっきりします。写真の場合のメリットとして、定品と定量が守られていて、置き方だけが、左右や上下で入れ替わっていても変化がわかります。また、写真に写っていない何かが今そこにあれば、それは変化点としてすぐわかります。

　当たり前のことと思っていると、マンネリ化するのが人間の弱さです。当たり前でも徹底がむずかしい5Sを、変化点管理を目的にしてみると、新たな5Sの取り組みになります。職場環境やコストの問題が目立っていたのが、品質の問題も変化点を切り口にすることで見えてくるはずです。

2-1-6　作業手順の標準化の徹底

　作業手順の標準化やマニュアル化は、何のためにあるかご存じですか。そんなこと当たり前じゃないか、と思われるかもしれません。次のような狙いもありますよ。**図表 2-1-6（1）**に示すように、トヨタ生産方式では、「標準化は改善の始まり」と考えます。つまり、より良くするため（当然何かを変化させますね）、まず標準化するのです。

　作業手順書やマニュアルは、イラストや写真を入れてわかりやすくしますが、複雑な動きをともなう場合、言葉の壁をこえるためなどで、近年はPCやタブレットで見られる動画マニュアルもつくられています。このように標準化を徹底しておくと、一連の作業の中で何が問題か見つけやすくなりますし、改善の前後の比較もしやすく、どれだけ良くなったのかわかります。ですから、標準化するのは改善のためなのです。もちろん改善に終わりはありません。

　実は、この標準化は変化点管理にも威力を発揮します。標準化した作業をきちんと守っていれば、いつもと違うことに気づきやすくなります。

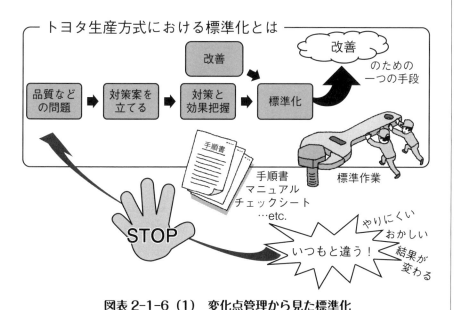

図表 2-1-6（1）　変化点管理から見た標準化

やりにくいとか、いつもと結果が変わるといった感覚です。

こんなこともあります。たとえば、決められた手順通りに作業をしているのに、AさんとBさんの作業に違いがあれば、どちらかの体調に変化が起きているかもしれません。箱の運搬作業を動画マニュアルと比較したら、いつもと箱の置き場所や積み方が違っているかもしれません。作業手順書（あるいは標準作業組合せ票）に書いてある時間内に作業が完了しない場合、設備のどれかが不調でサイクルタイムオーバーになっているかもしれません。

定常作業だけでなく、変化の後の作業も標準化しておくべきです。設備のチョコ停から復帰したときのチェック方法、ロットが切り替わったときの初物検査の仕方、稼働時間内における始業点検や終業点検の仕方、そういったものを標準化しておけば、変化点を発見しやすくなります。

5Sの徹底と似て、標準作業の徹底も、変化点発見のための重要な環境づくりになります。既にある作業手順書（あるいは標準作業組合せ票）や各種マニュアルが、変化点発見に役立つ内容になっているか再点検してみてください。

作業手順書　　　　　　　動画マニュアル

図表 2-1-6（2）　作業手順の標準化ツール

2-1-7　現場改善の着眼点

　2-1-4～6では、異常や過去トラの掲示、5Sの徹底、作業手順の標準化などが、改善につながると同時に、変化点発見のための環境づくりに役立つと説明しました。

　ここ2-1-7では、逆に、変化点発見のための環境づくりになる改善について説明します。いきなりすべてを詳しく説明することはできませんので、まず、変化点を見える化する現場改善の着眼点を、**図表2-1-7**に示します。この表の特徴は、5M1E（つまり要因系の変化点の種類）で分けていることです。それから、着眼点の中には、5M1Eに共通したものもありますから、共通項目も示してあります。

　代表的な着眼点を示しましたが、これらの項目を注意深く観察すると、

図表2-1-7　変化点を見える化する現場改善の着眼点

5M1E	人	設備・機械	材料・部品	方法	計測・検査	環境
現場改善の着眼点	・朝礼、夕礼時の相互観察、気配り ・作業者別スキルなどのデータ管理 ・人による違いを減らしておく（多能工化、ポカヨケ設置、自動化の提案）	・稼働状況（あんどん、シグナルタワー、パトライト、風車の設置） ・設備の死角対策（小型で低い設備、内部が見える設備、鏡やレイアウトの工夫） ・連続不良など異常検知で停止（生技と共同で実施）	・変化点（異常）をきわ立たせる（共通化、統一化、標準化） ・ポカヨケ（チェックゲージ、比較見本）の考案、設置 ・初物、初ロット、初メーカーの入念チェック ・自動チェッカーの提案	・加工条件（監視モニター、選択中のプログラム名の表示器設置） ・作業手順（標準作業の動画を作成し常時放映、動作順序ごとにポカヨケ設置） ・正しい状態の写真掲示（保管状態など）	・定期点検のマニュアル化：計測器（精度）、ゲージや治具（摩耗）、限度見本（劣化）が対象 ・検査規格と管理方法の適正化（生技と共同で実施）：メリハリのある図の描き方を工夫	・計測器の設置（温湿度計、電圧計、空気圧計、照度計、パーティクルカウンター、騒音計など） ・現場でのイベントや天候の記録（レイアウト変更、防災訓練、組合活動、停電、台風、地震など）
共通項目	QCサークル活動を通じた職場教育、専門部署（設計、生技、品保、品管、保全）による勉強会の実施					
共通項目	感度を高めるため、変化点ヒヤリハット記録と対策の検討・実施、異常（過去トラ）掲示板の設置					
共通項目	変化点管理ボードの設置（できるだけ最新情報を見える化し全員で共有、注意をうながす）					
共通項目	何でもいえる職場風土をつくる（チームワーク、コミュニケーション、モラールの向上）					

第2章　生産現場における変化点管理の実際

異常や過去トラの掲示、5Sの徹底、作業手順の標準化に分類されるものが見つかります。それ以外のものもあります。ということは、この着眼点から、さらに色々な見える化の手法が考えられるということです。

　図表の中に書かれていることを、いくつか説明します。

　人の欄に「人による違いを減らしておく」というのがあります。人が変化点になりにくい現場をつくり変化点を減らす、という意味です。たとえば、単能工を減らし、「多能工」を増やす。注意深さや几帳面さには、どうしても個人差がありますから、手作業工程にはしっかり「ポカヨケ」を設置する。コストメリットも出る「自動化」を導入する。「多能工」「ポカヨケ」「自動化」がキーワードになります。

　材料・部品の欄に「変化点（異常）をきわ立たせる」というのがあります。材料・部品の変化に対して、人でも機械でも気がつきやすくするために、種類を減らす「共通化」「統一化」「標準化」をする。それらがキーワードです。

　着眼となるキーワードが見つかったら、それを具体化するのが、実際の仕事です。たとえば「多能工化」であれば、現場作業者全員のスキルマップをつくって実態を把握し、次に多能工育成計画をつくって実行し……というようにPDCAのサイクルを回さなければなりません。

　この図表の設備・機械の欄に「異常検知で停止」（生技と共同で実施）というのがあります。現場改善といっても、協力部署を増やせば、技術的なあるいはビジネス的な改善方法も出てきます。たとえば、ロット流動より「1個流し」、「短いサプライチェーン（少ない下請け数）」の方が、変化は起きにくく、また発見もしやすくなります。

　さらに、源流管理の範囲になりますが「変化に強い工程」をつくることが可能であれば、そもそもこういった現場改善は不要になるということも知っておかなければなりません。

　たとえば「材料・部品のばらつきに強い工程」「高精度を必要としない（加工条件の変動に品質が鈍感な）工程」「環境変化に強い（局所クリーン化された）工程」などがそれに該当します。生産技術へ困っている状況を説明する、できれば共同で取り組むことを勧めます。

2-1-8　変化点ヒヤリハットの記録、予知訓練

　若かったころ、実験や現場での手作業をしようとすると、先輩から「ワークを落として足で受けるな」とか「設備をぶつけそうになっても体で防ぐな」などと注意されたものです。これはもちろん、ワークや設備よりも安全が優先するからですが、人はあわてると何をするかわかりません。

　安全管理のために色々な工夫がありますが、変化点発見のための環境づくりに役立つものがあります。ヒヤリハットとKYT（危険予知トレーニング）です。

　1件の重大事故の陰には29件の軽微な事故が、さらにその陰には300件のヒヤリハット（危険を感じたこと）があります。これは**図表2-1-8（1）**に示している、有名なハインリッヒの法則ですね。そこから、重大事故はもちろん軽微な事故も起こさないように、ヒヤリハットに注目するようになりました。具体的には、ヒヤリハットを記録し、その記録に基づいて現場で話し合い、未然防止をし、またその成果をチェックリストやKYTシートにして安全教育に役立てています。

　これらは、変化点発見のための環境づくりにも役立ちます。

　まず、変化点ヒヤリハット記録シートを作成することです。これまで経験したことのない小さな変化点や、変化するのではないかと感じたこ

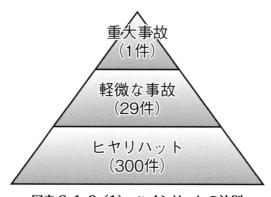

図表2-1-8（1）　ハインリッヒの法則

とがらを記録するシートです。安全のためのヒヤリハット記録シートが既にあれば、それを利用することもできますが、**図表2-1-8（2）**に変化点ヒヤリハット記録シートの例を示しました。これを作業者が、気づいたらすぐ書き込めるように、常時携帯させたり、作業者の近くに置いたりすることが大切です。

　新たに記録シートが作成されたら、管理者はすぐ関係者を集めて話し合いをおこない、ヒヤリハットの共有化をしなければなりません。緊急度や重要度を判断して、現場に掲示します。改善できることは早めに処置するべきです。

　現場の変化点発見に対する感度を高めるために、記録シートの作成枚数を月ごとや年度ごとに作業者に競わせるのも手です。作業者のスキルの一つにするのもよいでしょう。そして、たまった記録シートをもとに、わかりやすいイラストや写真などを用いて（KYTシートと同様に）HYT（変化点予知トレーニング）シートを作成し、変化点予知訓練をおこないます。

図表2-1-8（2）　変化点ヒヤリハット記録シートの例

変化点ヒヤリハット記録シート	
発生年月日：	職場名：　　　　　名前：
1）どのような作業をしていましたか	
2）ヒヤリハットしたことは何ですか	
3）どんな変化が起きましたか、起きそうでしたか	
4）今後、発見・防止するためには、どのようなことに注意すればよいですか	

2-1-9　何でもいえる職場風土

　変化点発見のための決め事や道具が準備されていても、変化点を発見した作業者が黙っていたら意味がありません。しかし、現実の世界では起こることです。そして、黙っていることに対するポカヨケもありません。

　作業者が発見した変化点を上司に報告しないのは、どういう場合でしょうか。

　報告すべき上司が忙し過ぎて、不在のことが多く、いても声をかけにくい。パワハラまでいかなくても、厳しい上司で、きちんとした説明を求められるので、いいづらい。自分で修正したからそれでよいと思う。文章を書くのが苦手なのに、書類（変化点ヒヤリハット記録シートなど）を書かされるのでいやだ。あるいは、作業を止めて報告したことや変化点を起こした責任まで追及されそうでこわい。

　職場の中で、ちょっと仲間外れにされていることがあれば、仕事とはいっても、同僚にも伝えにくいでしょう。

図表 2-1-9（1）　何でもいえる職場風土の大切さ

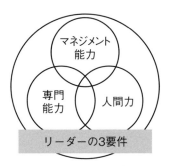

図表 2-1-9（2） リーダーの3要件

　変化点管理に限った話ではありませんが、何でもいえる職場風土というのは、チームで仕事をする現場にとってきわめて重要です。変化点を発見するために次から次へと決め事や道具を導入していっても、この何でもいえる職場風土がなければ宝の持ち腐れです。逆に、何でもいえる職場風土があれば、変化点を発見するための決め事や道具が不十分でも、作業者の経験や感性、チームワークがある程度補ってくれます。

　それでは、何でもいえる職場風土はどうやって実現するのでしょうか。はっきりいって、それは現場管理者の責任です。

　一般に、リーダーの3要件は「専門能力」「マネジメント能力」「人間力」といわれます。「専門能力」とは、その組織の仕事に必要な技術、技能、スキル、知識、資格などです。「マネジメント能力」とは、リーダーがあずかっている会社の経営資源である人、物、金などに対する管理能力です。「人間力」とは、組織のメンバーはもちろん、関連するすべての人を理屈抜きでも動かすことができる、その人の個性、人格、思想、態度、行動などです。

　何でもいえる職場風土かどうかは、特に現場管理者の「人間力」中でも態度、行動で決定されます。日ごろから、現場軽視、優柔不断、責任回避といわれないように心がけなければなりません。そのためには、守りだけではいけません。攻めの姿勢とアクションが必要です。

　たとえば、部下が自分で起こしてしまった変化点であっても、それを報告してきたら誉めるぐらいの行動です。朝礼や夕礼で変化点を報告することを日常業務にし、すぐれた発見に対しては表彰します。あまり報

告しない作業者に対しては、こちらから声をかけて、障害をとりのぞいてやらねばなりません。逆に、たくさん発見して何の成果にもつながらず、オオカミ少年だという声が出ないように守ってやることも必要です。

基本となる組織内コミュニケーション（風通しやチームワーク）を向上させるためには、社内での活動（面談、QCサークル、職場対抗競技会など）から社外での活動（ボランティア、職場旅行、飲み会など）にまで全員が参加し、盛り上がるように先頭に立って行動しなければなりません。

> **コラム　年上の人たちと共に守る生産現場**
>
> 少子高齢化の進展による人口減少が続く中、働く意欲のある高年齢者が70歳までの就業機会が確保されるように、高年齢者雇用安定法が2021年に改正されました。これにより、生産現場で働く高年齢者も、これからさらに増えていくでしょう。
>
> 高年齢者をどのように処遇するかは、会社によってまちまちです。
>
> 変化点管理を強化しなければならない生産現場にとって、高年齢者はどのように考えればよいのでしょう。肉体の衰えに対する適切な配慮はもちろん必要ですが、何といっても彼らの持つ変化点管理の知識や過去トラ（過去のトラブル）の経験を、戦力として発揮してもらうことを考えるべきです。
>
> ところが、高年齢者の多くは、若い人たちと一緒に働くことに不安を感じています。自分に対して何かにつけて遠慮するのではないか、逆に自分がミスをして迷惑をかけるのではないか、といった不安です。
>
> 現場管理者を始めとして職場の全員は、彼らのそういった不安をなくすような行動をとらなければなりません。それは、けっして特殊な行動ではなく、あいさつする、名前で親しく呼ぶ、小さなことでも相談する、感謝は言葉に出していうといったことですが、特別扱いしないこともとても重要です。
>
> そうすれば、年上の人が増えたことで、職場風土もよくなるでしょう。

2-2 変化点見える化のためのツール

2-2-1 変化点を見える化するための基本的な考え方

　変化点を見える化するためのツールはたくさんあります。本書では代表的なものを取り上げて説明しますが、個別に解説する前に、基本的な考え方を説明します。そうすることで、本書で紹介したことをヒントに、それぞれの現場に合った新しい見える化ツールを、現場の人たちでつくってくれると期待するからです。

　変化点を見える化するための基本的な考え方は、以下の通りです。

❶　見えない(見えにくい)ところを、意識してより見えるようにする。
❷　小さなものは拡大する。
❸　動いているものは停止させる（あるいは速度を遅くする）。
❹　対象が大きかったり複雑だったりしたら、見たいところだけ抽出して見えるようにする（チェックゲージやシャドーマスクなど：あとで説明）。
❺　五感（視覚・聴覚・嗅覚・味覚・触覚）プラス第六感（勘、直感、インスピレーションなど）に訴える工夫をする。
❻　データ（数値）化し、リアルタイムで見える化する（変化したらすぐわかる）。

　❶は「意識して」というところがポイントで、「ここが怪しいから注意して見なさい」と掛け声だけでなく、何か仕掛けを考えて積極的に見えるようにするという意味です。新しい方法ばかりではありません。品質管理の強力なツールである管理図が代表例です。その管理図を使用している現場なら、生産技術部門と相談して、管理項目を追加すればよいのです。

　❺も非科学的なことを推奨しているのではなく、自動化を進め過ぎて、

敏感なセンサである作業者の感覚を利用しないのはもったいないと思うのです。たとえば、定期的に自動設備のチェックに行き、単に計器の数値を見るだけでなく、音や発熱、振動、匂いなどを感覚でチェックすることを、標準作業に組み込むことをいっています。

最後の❻は意外と難しいです。まず見たいことをデータ（数値）化する。これは生産技術者の仕事です。現場は必要性を訴えましょう。最適なセンサとIT機器が必要になることが多いですが、現場は実験室ではありません。使いやすいツールにしてもらいましょう。それから、データをあとで見える化したのでは手遅れということがありますので、たとえばシグナルタワーを活用するなどして、リアルタイムで見えるようにすることがたいせつです。

以上のような基本的な考え方を知っていれば、何が変化しているのかわからない場合でも、それを見つければ、工夫して見える化できるのです。

たとえば、装置の内部とか危険で作業者の立ち入りが難しいところはどうでしょう。怪しい部分をカメラでビデオ撮影します。モニターで同時観察が原則ですが、あとでじっくり観察してみましょう。見たいところだけを拡大もできるし、停止させることも（録画と並行して）できます。複数の人間が同時に見れば、何が変化していたかわかるでしょう。

見える化には工夫とアイデアも必要です。面白い事例では、空気の流れがあるところに風車や風船を設置するというのもありますよ。風車の回り方（方向や速度）、風船の動き（上昇気流による揺れ方）などで変化がわかります。

図表 2-2-1　ビデオカメラによる設備内部の見える化

第 2 章　生産現場における変化点管理の実際

2-2-2　あんどん

　変化点の見える化ツールの筆頭は、何といってもあんどんでしょう。
　図表2-2-2（1） に、伝統的なあんどんのイラストを示しました。このイラストのあんどんには、各設備（工程）の状態（正常稼働、材料供給必要、異常停止）だけでなく、その時点までの生産実績や稼働率も表示されています。本書では要因系の変化点に力点を置いて説明していますが、あんどんからは生産ラインや設備の結果系の変化点も見えるということです。
　あんどんは、自動化ラインでも手作業ラインでも使用されます。天井から吊ってあることが多く、どこからでも見えるためですが、配線・配管・ダクト類が邪魔していたら見える化ツールとはいえません。
　あんどんも大型モニターを使うなどして進化していますが、設備台数が多い場合や逆にライン規模が小さい場合は、設備（工程）ごとにシグナルタワーを設置することも多いです。シグナルタワーは、ランプの色と点滅のさせ方、さらに音を組み合わせてバリエーションを持たせることが可能です。ただし、あまり複雑化するとやはり見える化に逆行します。また、少なくとも同一工場、同一建屋内では、バリエーションを標準化しておく必要があります。
　作業者やオペレータに、専用のスマホやタブレットを持たせ、そこにあんどんの情報を表示させるという方法もありますが、工程の特徴から最適なツールを選択すればよいのです。

○△ライン							目標	1000台
1	2	3	4	5	6	7	実績	500台
1	2	3	4	5	6	7	進度	50%
1	2	3	4	5	6	7	稼働率	95%

図表2-2-2（1）　生産実績、稼働率もわかるあんどん

参考までに、トヨタ自動車の組立ラインで、あんどんとともに使われているひもスイッチについて紹介します。

　ひもスイッチは、**図表2-2-2 (2)** に示すように、組立ラインの両サイドに、洗濯ロープのように張られています。組立作業者が異常（変化点）を発見すると、ためらうことなくこのひもスイッチを引っ張ります。導入当初は、それですぐベルトコンベアーが停止したそうです。これは、トヨタ生産方式の2本柱「ジャスト・イン・タイムと自働化」の一つ、自働化つまり異常を検知して設備が止まり後工程に不良品を流さない、に通じる手法です。

　近年は、品質レベルが向上しましたので、ある一定のゾーンまでベルトコンベアーは動き続けます。その間に、呼ばれた現場監督者などが適正な判断と処置を完了させます。それをこえる異常であれば、とうぜんベルトコンベアーは停止します。

　あんどんやひもスイッチから学べる大事なことがあります。それは「変化点はリアルタイムで管理すべき」ということです。よく使われるたとえのなまもの（生物）ですが、変化点もなまものです。放っておくと、元に戻ってしまったり、あとでまとめて平均値で見るとわからなかったりします。真因を明らかにし、根本対策を打つためには、変化点は生じた瞬間に発見したいものです。そういう意味であんどんやひもスイッチは、すぐれたツールだといえます。

図表2-2-2 (2)　ひもスイッチ

2-2-3　変化点管理板（ボード）の活用

　色々な工場の現場を見学していて、よく見かけたのが、変化点管理板あるいは変化点管理ボードと呼ばれるものです。

　改善や増減産対応などを目的とする意図した変化や、現場監督者が作業を開始する前に気がついた変化が対象です。

　管理図のような完成された技術と違って、導入直後のものからかなり使い込んだものまで進化の度合いが見えますし、何といっても現場の特色が出ていて、好感をおぼえます。

　図表 2-2-3 に変化点管理板の例をイラストで示します。

　一般的な変化点管理板は、4M で分類されていますが、本書ではイラストのように 5M1E での分類を推奨します。そして、5M1E それぞれについて、職場の特徴でさらに分類します。作業者なら個人名（写真を貼り付けるとよいでしょう。健康そうで笑顔の写真です）、設備なら設備名、材料なら使用している仕入先名やロット（切り替えがあることを想定しています）などです。

○○月△日昼勤の変化点と対応策											
	作業者					設備			材料		方法	計測	環境
	A班長	B君	Cさん	D君	Eさん	1号機	2号機	3号機	仕入先	ロット			
変化点			D君に代わって新人指導	有休	新人研修中			停止（減産対応）	X社⇒Y社	←	Y社材料に変更時条件変更	Y社材料に変更時規格変更	11:00～11:30防災訓練
対応策					2号機で操作取得			始業点検のみ実施	初品チェック記録	←	←	←	11:30～始業点検実施記録
確認													

図表 2-2-3　変化点管理板（ボード）の例

記入するのは、その直（昼勤か夜勤）でどんな変化点があるか、その対応策は何か、最後にその結果の確認です。

　変化点管理板は、朝礼や夕礼で使用します。前もってわかっていれば、変化点や対応策を記入しておきます。前の直で同じことをしていたら、その結果を確認欄に書いておきます。

　その直で、たとえば仕入先変更による材料のロット変更があるとします。変更前後の作業方法やチェック方法を、ここで確認をします。新人が担当することになるなら、実際に現場へ行って、作業のリハーサルをしたら万全でしょう。

　稼働時間内に防災訓練がおこなわれることもよくあります。近年は突発型訓練といって訓練時刻を前もって教えないこともありますが、イラストでは環境の欄にそれが書いてあり、対応策として、訓練後は始業点検と記録をすることが書いてあります。

　朝礼や夕礼時に見つかる変化もあります。現場監督者は作業者の様子を注意深く観察するのが普通です。顔色が悪ければ、本人に確認して、体調を記入することもあるでしょう。

　こうして、変化に関する情報を全員が共有します。後工程に近い位置に設置すれば、後工程に対する自工程の変化点情報の提供になります。

　月日の数字や、よく起こる変化点、決まった対応策はマグネットのステッカーをつくり、簡単に貼ったりはがしたりできるようにします。直ごとに写真に撮っておけば、変化点とその対応を時系列で記録することができます。また、大きなトラブルが発生したときは、変化点管理ボードの記事を充実させてその写真を印刷し、過去トラとして貼り出すのもよいでしょう。

　このように変化点管理板は、ローテクのようですが、その現場に合わせて進化させていくことができる、変化点管理の強力な武器になります。

2-2-4　不良の発生状況から変化点を発見する方法

　意図しない変化点の見える化には、QC七つ道具が威力を発揮します。
　QC七つ道具（①チェックシート、②パレート図、③管理図／グラフ、④ヒストグラム、⑤特性要因図、⑥散布図、⑦層別）については、3-4でも説明しますが、ここでは、不良の発生状況から変化点を発見する七つ道具を紹介します。
　まず一つ目の例は、**図表2-2-4（1）**に示す、ヒストグラムに見えるチェックシートです。
　この例では、チェックシートの分類が、等間隔の寸法範囲に分けられています。そして、チェックデータは、あたかも棒グラフが伸びていくようにきちんと並べられています。異常がなければ、チェックデータは増えるにしたがって正規分布（左右対称のつりがね型）の形状になっていきます。この形状がいつもと違っていれば、何らかの変化が起きている可能性がある、というわけです。図では、22.5より大きな寸法範囲のところに、明らかに離れ小島があるのが一目瞭然ですね。
　二つ目の例は、**図表2-2-4（2）**に示す、パレート図に見える不良

組	寸法範囲	中央値	チェックデータ	度数	累計度数
1	～14.4				
2	14.5～15.4	15.0			0
3	15.5～16.4	16.0	///	3	3
4	16.5～17.4	17.0	///// /	6	9
5	17.5～18.4	18.0	//// //// //// /	16	25
6	18.5～19.4	19.0	//// //// //// ///	18	43
7	19.5～20.4	20.0	//// //	7	50
8	20.5～21.4	21.0	////	5	55
9	21.5～22.4	22.0			55
10	22.5～		///	3	58

　　　　　：良品の領域

図表2-2-4（1）　ヒストグラムに見えるチェックシートの例

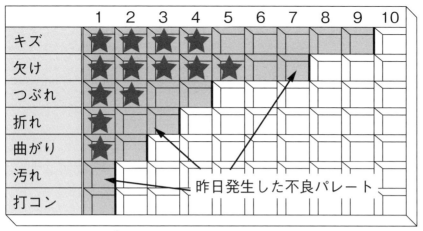

★：今日発生した不良（現物）

図表 2-2-4（2） パレート図に見える不良品箱の例

品箱です。不良品箱は、不良品の現物を並べたチェックシートともいえます。

　大量生産をしていて、不良個数が多く、しかも不良の種類が多い場合、不良品箱を不良の種類ごとに層別していることはよくあります。この不良品箱を工夫した例です。

　不良の種類は、不良個数の多い順に自由に並べられるようにします。不良品を入れる箱も一つではなく、不良品を1個ずつ入れられる小さな箱にして、1列に並べておきます。こうすれば、時間とともに箱が埋まって、不良品の現物を使ったパレート図ができあがります。

　図では、昨日発生した不良個数の位置がわかるように箱の色を変えています。つまりこれは昨日の不良パレート図です。しかしこれは、昨日ではなく先週あるいは先月の不良パレート図でもよく、現場の管理に適したデータを選定すればよいのです。

　発生した不良品の現物を並べながら、いつもと違って急増する不良の種類があれば、何らかの変化点が起きている可能性があります。すぐその現物を取り出してよく観察することになります。もちろん置き方を工

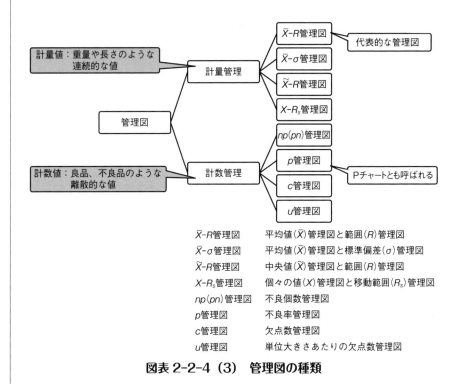

図表 2-2-4（3）　管理図の種類

夫して、不良と判定した部位が上向きになっていれば、取り出さなくても観察できます。

　これら二つの事例は、現場の知恵で生まれたものです。リアルタイムの見える化ができる点は、特に強調しておきたいすぐれた特徴です。異常に気づけばアクションを素早くとれます。

　QC七つ道具の一つ管理図は、**図表 2-2-4（3）** に示すようにたくさんの種類があります。詳細説明は品質管理の専門書にゆずりますが、実は、管理図は変化点管理の強力な武器にもなります。数学（確率統計理論）的にきちんと証明された管理手法だと思って信頼してください。

　その管理図の中にも、不良の発生状況から変化点を発見できるものがあります。離散的な値である計数値の代表的な管理図、p 管理図はその一つです。

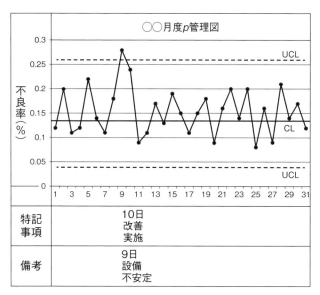

図表2-2-4（4）　p管理図の例

　p管理図は、不良率管理図あるいはPチャートとも呼ばれます。
　図表2-2-4（4） にp管理図の例を示します。
　p管理図では、不良率が、UCL（上方管理限界線）とLCL（下方管理限界線）の間にあるか記録してチェックします。**図表2-2-4（4）** は1か月分の結果が記録された例ですが、これを見ると、9日に不良率がUCLをこえたため、調べたところ設備が不安定だという異常（変化点）を発見したようです。そして、翌10日中に改善を実施してからは、不良率の推移は管理限界線内に戻っていることがわかります。
　不良が発生していて正常とはいえませんが、p管理図を使えば、いつもと違う不良率から異常（変化点）を発見できるということです。

2-2-5　奥が深い「$\bar{X}\text{-}R$ 管理図」
①工程能力調査の重要性

　管理図には色々な種類がありますが、p 管理図と並んでよく使われているのが $\bar{X}\text{-}R$ 管理図でしょう。連続的な値である計量値の代表的な管理図です。

　図表 2-2-5（1）に $\bar{X}\text{-}R$ 管理図の例を示します。

　$\bar{X}\text{-}R$ 管理図は、抜き取った複数のサンプルからそれらの平均値 $\bar{X}$ と範囲 R（最大値と最小値の差）を計算し、それらの値が UCL と LCL の間にあるか記録してチェックします。

　p 管理図と同様に $\bar{X}\text{-}R$ 管理図も、変化点管理の強力な武器になります。

　すべての管理図にいえることですが、異常を発見するために使う場合は、工程が管理状態にあることが大前提です。具体的には、変化要因である 5M1E が管理状態にある、たとえば MATERIAL ならその代表である部品や材料が仕様や図面公差を満足していることです。

　部品や材料が仕様や図面公差を満足していても、製品の品質特性として規格（良品範囲）内に入るとは限りません。重要な品質特性であれば、全数検査による全数保証が必要です。それほどではなくても管理したい

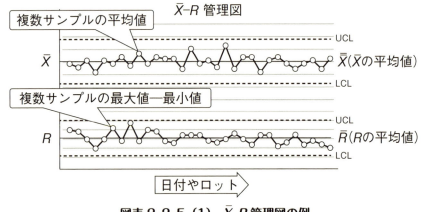

図表 2-2-5（1）　$\bar{X}\text{-}R$ 管理図の例

レベルの品質特性に関しては、この $\bar{X}$-R 管理図が使える可能性が出てくるのです。

$\bar{X}$-R 管理図を使えるかどうかの判断として代表的なのが工程能力です。

工程能力は、一般に工程能力指数 C_p や C_{pk} であらわされます。詳細説明は品質管理の本にゆずりますが、製造した製品の品質特性が規格内に入る実力をあらわしています。C_p でいえば、1.0 のとき「千三つ（不良品は 1000 個に 3 個。もっと正確には不良率は 0.27 %）」、1.33 のとき「万が一（不良品は 10000 個に 1 個。もっと正確には不良率は 0.00063 %）」と判断されます。

C_p と C_{pk} の組み合わせによる、工程能力の一般的な判断基準を、**図表 2-2-5（2）**に示します。最終判定が「×」や「△」になっている場合は、工程改善が必要で、重要な品質特性なら全数検査が必要です。

重要な品質特性ではなくても管理したい品質特性に対して、$\bar{X}$-R 管理図が「変化点管理（異常発見）の武器として」使えるのは、この工程能力が「○」になっている場合だと考えたらよいでしょう。逆にいえば、工程能力が「○」になるためには、変化要因である 5M1E が管理状態でなければならないからです。

もし皆さんの生産現場で $\bar{X}$-R 管理図を使っていたら、急にその工程

図表 2-2-5（2）　工程能力の一般的な判断基準

C_p の値	C_{pk} の値	判定	
$C_p>1.33$	$C_{pk}>1.33$	工程能力は規格を十分に満足	○
	$1.33 \geq C_{pk}>1.0$	平均値の偏りについて十分な管理が必要	△
	$1.0 \geq C_{pk}$	平均値の偏りに対策が必要	×
$1.33 \geq C_p>1.0$	$1.33 \geq C_{pk}>1.0$	工程能力は満足。ただし、十分な管理が必要。	△
	$1.0 \geq C_{pk}$	平均値の偏りに対策が必要	×
$1.0 \geq C_p$	$1.0 \geq C_{pk}$	工程能力が不足	×

の工程能力が気になってきたのではありませんか。管理図に C_p や C_{pk} が記入されていなかったら、調査して記入するようにしましょう。そして、適宜、工程の管理方法を見直すことです。

当然ですが、何らかの変化が起きて、工程能力が低下したままの場合、$\bar{X}$-R 管理図の使用そのものが意味をなさなくなります。

一方、こんなこともありますよ。工程能力が十分過ぎるほどあると、コストダウンを目的に、切削速度を上げたりチップの交換間隔を延ばしたりして、工程能力を意図的に低下させることをします。そのような変化によっても $\bar{X}$-R 管理図が継続使用できるか、製造現場でも注意深く見守っていかなければなりません。

最後に、微妙な不良率のとき（工程能力が「△」に近い場合）どうするのか、という疑問があると思います。もちろん p 管理図は使えます。

$\bar{X}$-R 管理図を使う場合（ロット生産をしていて、合否判定を抜き取り検査でおこなっている場合も同様ですが）、少ないサンプルで判断しますので、「合格なのに不合格と判定する確率」や「不合格なのに合格と判定する確率」が存在します。

こういうことに関しては、実際の工程の不良率、抜き取りサンプル数などを元にして、上記の二つの確率を予測計算する方法があります（OC 曲線など）。得られた結果に対しては、経営判断（会社方針から損得計算まで）から管理方法を見直すことになります。詳しく知りたい方は専門書を読むと面白いと思います。

2-2-6　奥が深い「$\bar{X}$-R 管理図」
　　　　②変動の判定ルールの運用は現場ごと

管理図は、シューハート管理図と呼ばれているように、ウォルター・シューハート（1891〜1967）が、ウェスタン・エレクトロニック（AT＆T の製造部門）に勤めていた 1918 年から 24 年の間に開発したものです。シューハートは、問題を「特殊原因」と「偶然原因」に区別するために、管理図の手法を考え出しました。ここで「偶然原因」とは、管

理されている工程で普通に（仕様や公差内であっても自然に）起こる変動やばらつきのことをいっています。「特殊原因」とは異常のことで、本書では発見したい（意図しない）変化点と呼んでいます。

　ところが、$\bar{X}$-R 管理図を作成し、そのデータの推移を分析して、変化点がある、異常である、だから是正すべきであるという判定ルールを作るのは、実は容易ではありません。なぜなら、データの推移に何らかの特徴が見られ、その原因が 5M1E のどれかの変化だと突き止めることができたとして、すべて是正に向けて仕事が始まるわけではないからです。

　たとえば、ある生産現場で、作業者（または設備）の違いによって、品質特性の変化が起こることがわかっている場合はどうでしょう。作業者（または設備）A では中心値の上ばかりが続きます。一方、作業者（または設備）B では下ばかりが続きます。作業者（または設備）C は、連続的に上昇が続き、気づくと（スイッチを切り替えると）そこから下降が続き、また気づいて（スイッチを切り替えて）上昇が始まる。不安でしようがないのですが、原因も対策もわからず、しかし出来上がる製品はすべて管理限界内です。

　ビジネスで考えると、異常が生み出した製品が、もし品質的にすぐれているのなら、それを価値として販売できます。異常が生み出した製品が、欠陥を持っていても、ワケあり品と暴露して低価格で販売することもあります。

　$\bar{X}$-R 管理図などのシューハート管理図は、間違いなくすぐれた変化点発見の手法です。しかし、厳格な判定ルールはなく、たとえば ISO や JIS に示されている $\bar{X}$-R 管理図の判定ルールも、大いに参考にすべきですが、工程固有の変動（異常ではなく偶然の一種）も考慮し、さらに利用の場（ビジネスとしての判断）によっても変更を加えてよいと考えられています。

　図表 2-2-6 に、JIS Z 9021：1998 に示されていた、「突き止められる原因による変動の判定ルール」を示しますが、これは 1954 年版からの改訂ですし、その後、2016 年にも改訂されていますから、変動

の判定ルールとその運用は、企業や生産現場ごとに、しっかり考えて作成するのがよいでしょう。

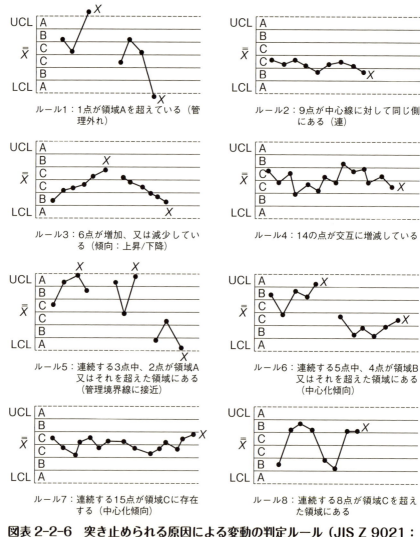

図表 2-2-6　突き止められる原因による変動の判定ルール（JIS Z 9021：1998）〈事例なので最新 JIS ではありません〉

2-2-7　全数検査時の変化点管理の注意事項

　中小企業では非常に多く見られ、また大企業でも多品種少量（または短寿命品の）生産の場合に採択されるのが、作業者による全数検査です。ヒューマンエラーが起きがちなため、不良流出を防止する様々な手法が考えられています。

　本書では「全数検査の落とし穴」すべてを解説するのではなく、全数検査を実施していると、変化点の発見において、どのような心配点があり、また対策としてどのようなものがあるか説明します。

❶　全数検査をしていて変化がなさ過ぎると、作業者はだんだん気がゆるむか感度がにぶってきます（**図表 2-2-7**）。不運にも、その油断した瞬間に変化点があらわれると、作業者は本来気づくべき変化点を見逃してしまいます。

　対策としては、自動検査化し、作業者による全数検査をやめさせます。それがすぐできない場合は、からくりや治具の工夫とポカヨケ設置などで、作業者の緊張感が維持できるようにします。作業者の交代や休憩をはさむ方法もあります。

　なお、変化が少ない工程ということは、工程能力があるか、あるいは突発的（離れ小島的分布）現象が起こるという意味ですから、作業者の仕事を適正な抜き取りデータによる管理図の使用や、検査を後工程の出荷検査などに統合（全数検査の労務費より完成品での加不金額の方が少ない可能性があれば）させます。

図表 2-2-7　慣れによるミス

❷ ❶とは反対に、変化が多過ぎると、新しい変化に気がつかないという心配があります。

　対策としては、不良判定した項目ごとに、層別管理します。このとき、「その他」とひとまとめにするのではなく、たとえば「複合（二つ以上の不良項目を有する）」「再判定要（不良判定には微妙なレベル）」「古顔（撲滅したはずの不良の再登場）」「新顔（初めて発見した異常）」といったように、こまかく分類して見逃さないようにします。古顔や新顔の発見を表彰するようにすれば、作業者のモチベーションも高まります。

❸　全数検査は時間とコストがかかりますから、検査ポイントをできるだけ絞ろうとします。ちょっと気になるからといって、その品物だけ力を加えてみたり動かしたり分解したりすることはできません。そこで、検査ポイントを決めて、チェックゲージやシャドーマスクを利用したりしますが、変化点の発見には裏目に出ることがあります。つまり、検査ポイント以外で起こる変化点に気がつかないということです。全数検査しているという思い込みから、前後工程でのチェックも油断してしまう恐れがあります。

　対策としては、検査ポイント以外のチェック機能を前後工程のどこかに設置することになります。短期的な処置としては、検査ポイント以外の検査をダブルチェックとして配置します。システマチックで合理的な設置方法は、第5章の中のQAネットワークで説明します。

❹　ヒューマンエラーを中心に述べてきましたが、全数検査を自動化したからといって安心はできません。❸と少し似ていますが、機械が検査するところ以外に発生した変化点を、機械は見つけられないという問題があります。作業者であれば、五感や第六感が働いて、ふと気づくことはありますが、機械にそういった働きをさせるのは無理ですよね。

　対策としては、自動化する場合に、単にOK、NGの判定をさせるのではなく、品質特性を数値化させることと、その分析機能（管理図やQC七つ道具）を持たせることです。モニター画面もあって、リアルタイムに分析表示が可能で、アラーム機能もあったら、安心感はかなり増します。

2-2-8　抜き取り検査時の変化点管理の注意事項

　1-3-1で、品質検査とは、品質の判定（OK、NG）を下すこと、と説明しました。この品質検査は、一般に、出荷ロット単位で、「合格」か「不合格」かの判定をすることを意味します。そして、この出荷のための品質検査には、「全数検査」と「抜き取り検査」があります。

　ところが、全数とか抜き取りというと、工程内の検査やチェック、管理においても使われるため、話がややこしくなってきます。しかし、変化点の発見という点では、工程内でも最終の出荷検査でも、全数であれ抜き取りであれ、その注意点は共通ですから、安心してください。

　とはいえ、念のため、一般的な品質検査における、「全数検査」と「抜き取り検査」それぞれの欠点を、**図表2-2-8（1）**に示しておきます。詳細説明は、品質検査の本にゆずりますが、「全数検査」の欠点を見てください。これを見て気づくことは、2-2-7で説明した、変化点発見における全数検査時の注意事項の理由とかさなっていることです。

　ということは、「抜き取り検査」における欠点も、これから説明する変化点管理における抜き取り検査時の注意事項につながっているということです。では、「抜き取り検査」の欠点を見てください。理論的に明らかになっていることですが、経験的に納得できると思います。抜き取

```
品質検査 ── 一般に、出荷ロット単位で、
           「合格」か「不合格」かの判定
  │
  ├─ 全数検査
  │    欠点1：人的エラーの影響を受ける
  │    欠点2：破損、劣化を生じる検査はできない
  │    欠点3：費用が過大になる恐れ
  │
  └─ 抜き取り検査
       欠点1：生産者危険（第1種の誤り）
          合格ロットを誤って不合格にする確率
       欠点2：消費者危険（第2種の誤り）
          不合格ロットを誤って合格にする確率
```

図表2-2-8（1）　品質検査の欠点

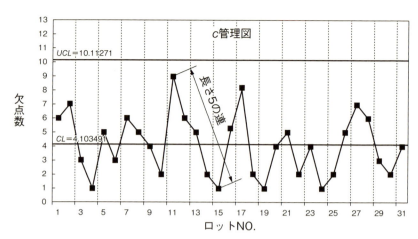

図表2-2-8（2） c管理図の例

り検査でロットの「合格」「不合格」を判定しようとすると、ある確率で「合格ロットを誤って不合格にする」あるいは「不合格ロットを誤って合格にする」ことがあります。

$\bar{X}-R$管理図は、工程能力があれば、抜き取ったサンプルのデータの推移から、何らかの変化点が起きていないかチェックできる方法でした。これと同じように、抜き取ったサンプルのデータの推移から、ロットの変化点が起きていないかをチェックできる方法があります。

代表的なのは、c管理図とu管理図です。**図表2-2-8（2）**はc管理図で、ロット（決められた一定の単位）ごとの欠点数（不良数や欠陥の総数）の推移を管理します。**図表2-2-8（3）**はu管理図で、ロットごとに検査総数が異なっている場合（生産単位が変動する場合ですね）、欠点率の推移を管理します。

詳細説明は品質管理の本にゆずりますが、c管理図ではUCL（上方管理限界）は一定で、LCL（下方管理限界）は計算によってマイナスのため明示してありません。u管理図では、UCLもLCLもロットごとに計算しますので変動します。

これら二つのグラフは仮想のモデルとして筆者が作成したものですが、

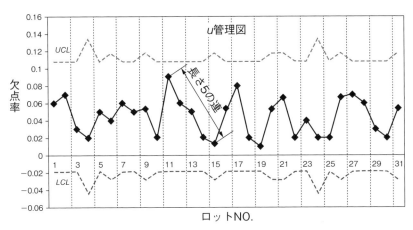

図表 2-2-8（3） u 管理図の例

　ロットごとの欠点数は共通で、検査総数は 100、75、50 個の 3 通りでランダムに設定しました。どちらの管理図からも、NO.11 ロットから NO.15 ロットまで連続して下降していく傾向が見られます。このような現象を「長さ 5 の連」と呼びますが、異常判定ルールを生産現場ごとに決める場合、この連の長さで異常の有無を判定することがよくおこなわれています。

　このように、品質管理には便利な手法が色々と用意されています。しかし、ロット判定を抜き取りでおこなう場合に、ある確率で誤るという欠点があることからも想像できるように、便利な手法や判定ルールにこだわり過ぎると、痛い思いをする危険があることを忘れてはなりません。

　できる限り、複数の手法を組み合わせること、そして、感度のするどい現場作業者が変化点に気づく余地を残すことが重要だと筆者は考えます。

2-2-9 異常連絡書・結果報告書

　生産現場では、果たすべき使命（Q、C、D、P、S、M、Eなど）を阻害する異常が発生すると、異常連絡書を作成します。本書で取り上げている変化点も異常ですから、異常連絡書を作成しなければなりません。
　1-4-2で、自工程で発見した変化点が、サプライチェーン、エンジニアリングチェーンで考えると、上流に要因があった結果系の変化点であったり、下流に影響を及ぼす要因系の変化点だったりすることがあると説明しました。
　ということは、変化点を発見したら、自工程だけの問題と決めつけず、少なくとも前後工程に対して異常を伝える必要があります。もちろん要因と考えられる工程や、影響が出ると思われる工程がさらに遠くにあれば、そこへも伝えなければなりません。そして、異常連絡を受けた工程は、結果をフィードバックするのはもちろん、さらに上流または下流へ伝えるべきと判断したら、順番に転送しなければなりません。
　図表2-2-9に、異常連絡書・結果報告書の例を示しました。
　発見直後は、すべての欄を記入することはむずかしいでしょう。しかし、異常内容と応急処置だけでも記入して「異常連絡書」を作成します。説明図を必ずつけます。前後工程へは、発見から遅くとも1日以内に伝えたいものです。また、連絡を受けた前後工程も、遅くとも1日以内にフィードバックしたいものです。
　その後、自工程で判明した異常原因、処置内容（対策はもちろん、対象ロットの廃却、手直し、後工程や納入先への対応も）、再発防止策と、前後工程からのフィードバックなどを書き加えて「結果報告書」を作成します。
　その「結果報告書」も、上司への報告だけでなく、発見時に伝えた前後工程や原因や影響のわかった工程へ送ることが重要です。
　異常連絡書・結果報告書は、上流・下流工程をつなぐ変化点見える化のためのツールの一つです。
　なお、第5章で説明するQAネットワークができていれば、異常を

伝えるべき上流や下流の工程を特定する参考になります

伝えたい部署					

異常連絡書・結果報告書　管理No.＿＿＿

部署：

	タイトル		承認	検討	作成
			（結果報告時）		
発生日時	年　月　日　時		承認	検討	作成
発生工程			（異常報告時）		
発見者					
設備・機械					

異常内容	＿＿＿＿＿＿＿＿＿＿＿＿＿＿＿＿	【説明図】（わかりやすく）
異常原因	＿＿＿＿＿＿＿＿＿＿＿＿＿＿＿＿	
処置内容	＿＿＿＿＿＿＿＿＿＿＿＿＿＿＿＿	
再発防止	＿＿＿＿＿＿＿＿＿＿＿＿＿＿＿＿	
備考	＿＿＿＿＿＿＿＿＿＿＿＿＿＿＿＿＿＿＿＿＿＿＿＿＿＿＿＿＿＿＿＿＿＿＿＿＿＿	

（他部署へ伝えたいことは必ず書き、未処置でも早く伝えること）

図表 2-2-9　異常連絡書・結果報告書の例

2-3 第2章の演習

　第2章で学んだことの自己確認をしましょう。各設問の記述が正しければ○を、正しくなければ×を【　】の中に書き込んでください。

設問1　生産のグローバル化が進んでいると、世界は広く、海外拠点は遠いので、変化が起きて影響が出るまで時間がかかる。【　】

設問2　変化を要因と結果で考える場合、特性要因図は理解に役立つ。また、要因を5M1Eで分類すれば分析がより詳しくできる。【　】

設問3　特性要因図を変化点管理に使う場合、現場用語ではなく、一般用語を使うべきである。【　】

設問4　過去トラは貴重なデータだが、既に対策が打たれ、解決しているものは、役に立たない。現在問題になっているものは掲示して注意を促す。【　】

設問5　5Sや3定は、変化点管理の基本中の基本である。【　】

設問6　標準作業やマニュアルをきちんと守っていれば、想定外の変化が起きることはない。【　】

設問7　人が変化点になりにくい現場をつくるため、多能工化を進めることは一つの良い手段である。【　】

設問8　いつもと違うわずかな変化に気づいても、問題にならないと判断したら、特に何もしなくてよい。【　】

設問9　リーダーが何でもできる優秀な人であれば、すべて任せればよい。【　】

設問10　風土の良い職場環境は、メンバー全員でつくる。特に分け隔てなく声をかけること、あいさつは基本である。【　】

設問11　変化点を見える化するためには、機械化、自動化するしかない。【　】

設問 12 シグナルタワーは、色や点滅の仕方などにバリエーションがあり、変化点の見える化のため、複雑な信号を出して使うとよい。【　】

設問 13 変化点管理ボードは、各シフト勤務の開始時のミーティングで、変化に関する情報を全員が共有するために用いる。【　】

設問 14 管理図は、主に結果系の変化点を発見できるツールである。【　】

設問 15 QC七つ道具の一つであるチェックシートは、不良の個数などを数えるためだけにあり、変化点を見つけることはむずかしい。【　】

設問 16 $\bar{X}$-R管理図は、工程がきちんとした管理状態にあるときに使うが、抜き取りデータしか使わないので、変化点を見つけるのは困難である。【　】

設問 17 工程能力が低下していても、工程がきちんとした管理状態にあれば、$\bar{X}$-R管理図を使ってよい。【　】

設問 18 $\bar{X}$-R管理図を使う時の変動の判定ルールには、現場の知恵や経験を生かす。【　】

設問 19 不良がほとんど発生しない工程で、作業者がするどい五感を使った全数検査をしていれば、異常品を見逃すことはない。【　】

設問 20 全数検査をしているときに、久しぶりに発見した不良は、撲滅した不良で対策がわかっていても、変化点を疑うべきである。【　】

設問 21 抜き取り検査でロットの合否判定をする場合、「合格ロットを不合格にする」あるいは「不合格ロットを誤って合格にする」ことがある。【　】

設問 22 ロットの変化点が起きていないかを管理する代表的なツールに、c管理図とu管理図がある。【　】

設問 23 異常連絡者・結果報告書は上司への報告手段であり、上流側や下流側の工程へ連絡・報告する必要はない。【　】

第2章の演習の解答

　解答の×については、ヒントや解答例をつけておきますので、自分が間違っていると思ったことがその通りだったか、確認してみてください。もちろん、○を×だと思ってしまった設問については、該当箇所に戻って復習してください。

設問1 ×（ITの進化を考えてみましょう）、設問2 ○、設問3 ×（現場で役に立つとはどういうことか考えてみましょう）、設問4 ×（過去トラには問題だけでなく、原因究明の方法や対策、再発防止などの情報も含みます）、設問5 ○、設問6 ×（想定外の意味を再確認してみましょう）、設問7 ○、設問8 ×（個人で判断する前に、仕事の基本として報連相ー報告連絡相談ーがあります。そして、判断が難しくても、当面どうするか決めるべきではありませんか）、設問9 ×（全員で知恵を出し、分担して対応していく方が良いのではありませんか）、設問10 ○、設問11 ×（原因追求はしないのですか。他に良い方法はありませんか）、設問12 ×（ヒューマンエラーの原因になりませんか）、設問13 ○、設問14 ○、設問15 ×（工夫して不良の出方の変化を見える化できませんか）、設問16 ×（$\bar{X}$-R管理図は、工程が管理状態にあるとき、抜き取りでも異常を発見できることが数学的に証明されています）、設問17 ×（工程能力が低い場合は、不良の流出防止のために全数検査が基本です。そして改善が必要です）、設問18 ○、設問19 ×（全数検査をしていて、不良がほとんど発生しなければ、どういうことが起きますか）、設問20 ○、設問21 ○、設問22 ○、設問23 ×（変化点には要因系と結果系がありましたね）

第3章

変化点に対する具体的なアクション

しっかりと見える化し、管理しているつもりでも、見落としがちな変化点があります。それはどんなものなのか、どうしたらよいのかを紹介します。

3-1 5M1Eの見落としがちな変化点と対策

　生産現場における変化点発見のための環境づくりには、筆者は5M1Eで整理した特性要因図が最も現場になじみやすいと思っています。そして、作成したらそれで終わりにせず、現場に掲示しておいて、事あるごとに「新たに発見した変化点」や「あとでわかった真因」「工夫した対策」などを書き加えて進化させることで、現場の強みにしていくことを推奨しています。

　また、ほとんどのデータは、過去の姿であって現在の姿ではありません。事実や現象は、その瞬間が真実です。変化点をリアルタイムでとらえる大切さも強調しています。

　ところが、現実は、変化が次々に起こります。ICTの進化やグローバル化によって、企業の置かれている環境は、大きく速く変化します。それがすぐ現場にも、思ってもみなかった変化としてあらわれます。変化点の発見と対策が、とてもむずかしい時代になってきました。

　そうはいっても、基本は大切です。たとえば、現場監督者は、毎日、巡回路を決め、必ず見るポイントも決めて、リアルタイムの定点観測をしなければなりません。

　変化に惑わされないためには、五感を研ぎ澄ませて全方位へ注意を向けつつも、やはり気になることは重点指向が重要です。おおげさな表現を使うなら、戦略的に変化点に対応するということです。日々の生産対応や改善で起こる意図した変化点も忘れてはいけません。そのためには、生産現場だけでなく工場スタッフ部門、本社機能部、仕入先や協力会社の協力をあおぐ必要も出てきます。その判断をためらわない勇気も必要です。

　話を元に戻して、すごみのある特性要因図を生産現場が作成できるように、5M1Eの見落としがちな変化点とその対策について、以下順番に説明していきます。

3-1-1　MANの見落としがちな変化点

　もしかすると、人に関する変化点だけで、1冊の本ができるかもしれません。

　人に関する変化点は、異常と呼んでよいものが、大きく二つに分類されます。人がおこなう作業や判断の異常で、一般にヒューマンエラーと呼ばれるものです。もう一つは、人そのものの変化です。ここでは、それらの見落としがちな変化点にしぼって、事例を紹介しながら対策を説明します。

　まず、ヒューマンエラーですが、これも専門書が出ていますし、チェックリストやチェックシートが掲載されていますので、参考にするとよいでしょう。では、見落としがちなヒューマンエラーとはどのようなものでしょうか。筆者が考える見落としがちなヒューマンエラーとは、原因を間違えやすいものということです。

　間違えやすい原因とは、スキル不足、訓練不足、身体能力不足、性格の問題、作業要領書やマニュアルの不備などのことです。これらを主原因だと思うと、作業者の負担が増したり、もっと良い対策が後回しになったりしてしまいます。

　たとえば単純な丸棒やリング形状部品を扱っていて、外径や内径の寸法がわずか違う部品が混入されていたとします。それを気づかずに無理やり組付けてしまった場合、スキル不足とか訓練不足で片付けてはいけないということです。**図表 3-3-1（1）**に示すようなプラグゲージやはさみゲージ、あるいは手製の通り止まりゲージのポカヨケを準備して、作業者任せにしないことです。

　設備の操作ミスや指示書の読み取りミスなども、作業者の不注意と決めつけてはいけません。設備の操作盤が照明の陰になっているとか、そもそも環境が暗かったら、明るくするべきです。操作盤そのものが間違えやすいボタン配列になっていないか、ボタンの形状や大きさ、色は適切か確認するべきです。指示書もよく見てください。文字の大きさはどうでしょう。数字の 0（ゼロ）とアルファベットの O（オー）は区別で

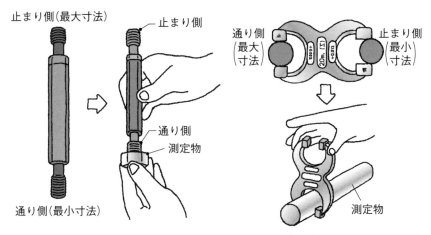

図表 3-1-1（1） 通り止まりゲージ

きますか。

　たとえポカヨケが用意されていても、同じ作業を長く繰り返していると、人間はうっかりとかぼんやりとかしてミスを犯します。これを防ぐために、ポカヨケを2重3重に用意すべきでしょうか。そんなことをするくらいなら、1時間に1回休憩を入れるとか、作業や作業者を交代させる方が効果的かもしれません。

　作業要領書やマニュアルがないのは問題以前ですが、あっても作業者に無理をさせていないか再点検してください。

　人から聞いた話ですが、海外では悪意をもった（故意に変化を起こす）作業者が含まれていることも考えて、まるで犯罪対策のような監視機能も生産現場に用意することがあるそうです。

　繰り返しになりますが、「ヒューマンエラー、必ずしも真因は作業者にあらず」ということです。

　二つ目の分類、人そのものの変化で、見落としがちなものには、どのようなものがあるでしょうか。筆者が考える、見落としがちな作業者の変化とは、ふだん最も見慣れていて熟知していると思っている職場の仲間の変化です。

新人や（他職場からの）応援者、外注さん（派遣社員や請負作業者）が入れば、間違いなく変化点だと思い、皆注意しますし、そういう場合の対応方法も、たいていの生産現場には用意されているものです。彼らも、緊張感をもって作業に取り組みますから、大きな問題は起きないのが普通です。

　「注意すべきは身内」です。現場監督者も同僚すらも、先に思い込みがあって、身内が変化点になっていることに気づかないことがあります。

　朝礼や夕礼のときに、現場監督者はメンバーの様子を注意深く観察し、気になることがあれば、声をかけて確認します。顔色や立っている姿勢、声の大きさがいつもと違っていたり、マスクをしていたりバンドエイドを貼っていたりしたら、必ず声をかけるでしょう。しかし、長年問題なくやってきた身内なら、少々の変化があっても大丈夫と思ったり、外から見えない問題があれば自分から申告してくれるだろうと思ったりしがちです。

　朝礼、夕礼時は、身内もしっかり観察し、問題があれば対応しなければなりません。

図表 3-1-1（2）　身内の観察もしっかりと

図表 3-1-1（3） 久しぶりの熟練者に注意

　作業者の突発有休や、生産量の急な増減があると、臨時の作業者配置が組まれることがあります。こういうときに便利なのが、すぐれたスキルをもつ多能工や熟練者です。当然、身内なので、安心して指名しますし、指名された作業者も自信をもって引き受けます。日常のことなので、変化点だと思わないかもしれませんが、間違いなく変化点です。意図した変化点です。

　この場合、つい見落としてしまうことがあります。それは、その作業がその作業者にとって久しぶりかもしれないということです。

　現場監督者は、たとえその作業者のプライドが気になっても、上手に彼の技量を確認しなければなりません。たとえば、「せっかくだから、全員に模範的な作業をやってみせてくれないか」と提案するのです。作業者も本当はやりたい練習ができるわけですから反対はしないでしょう。そして、もし失敗することがあっても、現場監督者は、「今のは失敗の手本だな」とか「弘法も筆の誤りがあるなあ」とかいって、雰囲気づくりをしなければなりません。「猿も木から落ちる」なんていってはいけませんよ。

3-1-2　MACHINE の見落としがちな変化点

　MACHINE でよくある見落としは、「元に戻っているはず」「前より良くなっているはず」という思い込みから生じるものです。

　何らかの異常から復帰した直後、特に初めてではない何度か経験している異常から正しい処置で復帰させた場合、「元に戻っているはず」と思いがちです。また、これも決められたとおりに実施された、日常の清掃、定期点検や定期保全、計画的な改善工事後は、「前より良くなっているはず」と思いがちです。

　日常的な初期点検と初品確認を実施するのはもちろんですが、それぞれに対して、プラスアルファのチェックが必要です。そのためには、設備が正常であることをどうやって確認するか決めておく必要があります。n 数を増やしたり、少々意地悪な操作（非常停止させるとか）をしたりして確認することもあるでしょう。考えるヒントは、その設備が含まれている、5M1E で整理した特性要因図です。知恵が蓄積されていますし、複数あればすべて利用します。

　多数個取りの設備でよくある見落としは、各ステーションや治具類をすべて同じと思ってしまうことから起きるものです。

　たとえば 10 個取りの設備で、1 ステーションだけが異常を起こしていたとすると、結果系の変化である製品の特性変化は、10 分の 1 の製品にしか起きません。この設備で製品特性の変化点管理をおこなうならば、ステーションごとに管理図をつくる必要があります。逆に、特性変化に影響を与えるステーション側の要因系の変化点を、ステーションごとに管理することも可能です。

　どちらが合理的かは、初期段階に生産技術部門が判断していますから、理由がわからなかったらよく聞くことと、状況の変化で、逆の方が合理的になっていることに気づいたら、生産現場は提案して改善しなければなりません。

　洗浄や熱処理、塗装といった装置では、ロット処理とかバッチ処理とよばれる一括加工がされることが多いものです。そして、装置内の処理

しているところは、外から見えないことが多いものです。ここで起きがちなのが、「装置内は均一で、すべての部品・材料が同一条件で加工されているはず」という思い込みです。設備の局所的な異常（機械故障、破損、変形、汚れなど）が起きたらどうでしょう。多数個取りの設備以上に、変化点の発見はむずかしいものです。

　対策としては、設備内の見える化が一番です。ガラス窓をつける、センサーやモニターを必要数設置（そして記録が残るように）するなどです。清掃やチェック・点検時に局所的な変化を見逃さないように、見るべきポイントと見方を作業要領書やマニュアルに明記します。正常なときの写真を残すことも効果があるでしょう。注意することは、装置についている計器類の表示を盲信しないことで、計器類の定期的な校正も標準作業化しなければなりません。

　なお、生産技術の仕事になりますが、処理的な加工でも1個取り、1個流しができるようになれば、品質が安定すると同時に、コストダウンできます。

　最近はPCでコントロールされている設備がほとんどです。新設時や改造時はソフトウェアのバグがあるかもしれません。こういうバグは長時間稼働させないと見つからないことが多いものです。しかも、異常な動作と関係付けなければならず、生産現場の観察力が必要です。もちろん対策は、生産技術や保全、設備メーカーの仕事です。

図表 3-1-2　装置内の様子は計器表示だけに頼らず見える化すること

3-1-3　MATERIAL の見落としがちな変化点

　部品や材料での見落としがちな変化点は、大きく分けて三つあると思います。

　一つ目は、部品や材料そのものを見ていて、その部品や材料についてまわるものの変化を見落とすことです。2-1-3 で梱包状態について説明しました。似た状態として、部品や材料置き場の状態の変化があります。**図表 3-1-3（1）** に示すように、いつもより多いあるいは少ない状態は、自工程に原因がなければ、前工程で何かあった可能性があります。これは、2-1-5 で紹介した 3 定の一つ定量にもつながる話です。

　それ以外としては、入れ物の変化（破損、変形、汚れなど）があります。中身への影響が心配されます。昆虫が入っていた場合、ありふれた虫だと気づかないことがありますが、現場へ届けられるまでに、どこかで何らかの理由で開梱されていたかもしれません。

　品質検査成績表が一緒についてくる場合がありますが、品質や特性ばかりを注意していると、作成から承認までの期間が不自然に長かったり（先入れ先出しが守られなかったのかもしれません）、その印を押した人たちの名前がいつもと変わっていたり（仕入先の工程が変わったのかも

図表 3-1-3（1）　いつもと違う部品・材料置き場

図表 3-1-3（2）　いつもと違う検査成績書

しれません）することに気がつきません〔**図表 3-1-3（2）**〕。何かあったかもしれない、と気づくのが現場の強みです。また、使用期限内、保管期限内であっても、納入直後あるいは期限ギリギリのものを使用する場合は、やはり変化点として見落とす可能性があります。原因不明の季節変動を起こす材料もあります。流動中の部品や材料の品質検査成績表を現場に掲示して、午前と午後さらに昼勤と夜勤の交代時に確認すれば、複数の作業者で見ることになり、こういったデリケートな変化にも気づくでしょう。

　二つ目は、直接製品にならない MATERIAL です。副資材とも呼ばれます。半田付け時のフラックス、溶接時のアシストガス、接着時のマスキングテープ、切削時の潤滑油、洗浄液もそうです。副資材の変化では誰でも苦い経験があるのではないでしょうか。

　筆者は、洗浄液で痛い目にあったことがあります。洗浄液が変更されて、部品の清浄度が良くなったと喜んだ直後に、その部品が本来の荷重で圧入できなくなりました。清浄度が良くなったことで、摩擦係数が増加したからです。まさか清浄度を元に戻すわけにもいかず、結局、圧入設備を改造しました。副資材に対しても、本書で解説している変化点管

理を適用する必要があります。

　副資材とやや似ていますが、治具・工具・設備の破片や従業員の毛髪・皮膚・化粧品・衣服の繊維などが、異物として MATERIAL に混入して問題になることがあります。経験したことがないと見落としがちな変化点ですが、治具・工具の寿命、作業者の髪型や衣服（特に冬場）の管理など、作業要領書に記載しておけば、対策はそれほどむずかしくありません。

　三つ目は、MATERIAL を製造する工程の 5M1E の変化です。長期間にわたって問題がなかった部品や材料ほど、このことに鈍感になっています。2-2-9 で説明した異常連絡書も届いておらず、上記二つの変化点にも該当しないと、特性の変化が起きても、MATERIAL は問題ないと思ってしまいます。

　ここでも筆者の経験を紹介しましょう。仕入れ先から購入していた材料の、製造工程の変化が原因で製品特性に影響を与えた話です。

　契約では、材料が仕様を満足していれば購入することになっていました。製造工程については、たとえ守秘契約を結んでも教えるわけにはいかない、といわれ了解していました。同じ物をつくらせないために、公開することになる製造特許は取らないという考え方とよく似ています。公開すると、ライバルメーカーは、それをヒントに必死に特許回避の方法を考え始めますから。

　そのときは、製品の特性に変化が起きました。材料の成分を詳細に分析してみました。確かに仕様は満足しているのですが、今までと分布に変化がありました。その理由を問いつめた結果、仕入れ先が、2 台ある設備のうちの 1 台を初めて使用したことを打ち明けました。

　対策の基本は、MATERIAL の製造工程を前もって確認し、5M1E の変化があれば工程変更届を出してもらい、日常の小さな変化ならば念のために異常連絡書で通知してもらうことです。仕入れ先の採用には、開発・設計・生産技術・調達・品質管理など多くの部署が関係します。グローバルな調達となると、海外技術、法務などさらに専門部署が追加されます。仕入先の工程の変更は、大きな検討課題なのです。

3-1-4　METHODの見落としがちな変化点

　バッチ処理をおこなう装置内では、加工条件の局所的な変化は見落としがちであると、3-1-2で説明しました。しかし、近年の加工設備は、加工条件の異常が発生すると、自動的に検出されるものが多くなってきました。たとえば切削・研削加工における工具の破損検出とか、溶接における条件モニターとか、ねじ締めにおけるトルク検出といったものです。

　たいていの加工設備が、加工条件の変化点を自動検出できるとすると、作業者の操作が加工条件になっている場合が心配です。そういう場合の見落としがちな変化点は、3-1-1の中で、「ヒューマンエラー、必ずしも真因は作業者にあらず」「注意すべきは身内」「久しぶりの熟練者に注意」という表現で説明したものと共通です。

　MATERIALが加工条件の一つになっている場合があります。それらの見落としがちな変化点は、3-1-2の中で、たとえば副資材を例に説明しました。また、ENVIRONMENTが加工条件の一つになっていることもあります。見落としがちな変化点は、3-1-6の中で説明します。

　さて、そうなると、METHODの見落としがちな変化点には、他にどのようなものがあるでしょう。筆者は、改善目的でMETHODを変更したときに、見落としがちな変化点があると考えています。意図した変化点にもかかわらず、見落としがちということです。大きく分けて、三つのタイプがあります。

　一つ目は、METHODの変更で変化点が5M1Eの中で移動することです。

　最もよくあるのは、人による変化点を減らしたくて、人の作業を自動化した場合です。よく考えてみればわかることですが、人が起こす変化点には何らかの理由があります。自動化によって、この理由を排除できたとしても、機械には機械の変化点を起こす何らかの理由があります。自動化と同時に、設備の変化点管理を忘れずに準備しなければなりません。

　また、作業時間の短縮のときによく起きることですが、それまで作業者がおこなっていた主作業以外のこと、たとえば五感を働かせたチェックとか、部品の整列やちょっとした修正、よごれの除去などができなく

なることがあります。無視するのは改善以前の問題ですが、わかっていて他の機能で実施しようとすると、たとえば仕入先での管理項目にしたとすると、そこが新たな変化点管理の対象になるということです。

　モノづくりは5M1Eの組み合わせです。改善することで変化点をたらい回しにしないこと、あるいは、改善するなら変化点の移動を覚悟しておこなうことです。やや専門的になりますが、モノづくりの世界にはFMEAという手法があります（5-2で紹介します）。開発段階に、予想されるあらゆる不具合を抽出してその影響をつぶさに調べあげ、事前に対策を打つやり方です。生産現場にはあまりなじまないでしょうが、似たことはできます。ブレーンストーミングです。そのとき、5M1Eで整理した特性要因図や、過去トラ、ヒヤリハットの記録などを用意すると意見はさらに出やすくなります。生産技術などのスタッフを参加させると、効果は上がり勉強にもなります。

　二つ目は、METHODの変更を実現する前に、変化点を生じさせてしまうことです。いくつかの例を紹介しましょう。

　レイアウト変更はよくやる改善です。レイアウトを変えるために、設備を移動させることを考えてみてください。作業者だけでやろうとすると、2人でハンドリフトを両側から設備の下へ差し込んで、掛け声だけで同時に持ち上げ、人力で別の場所へ移動させます。ここまで変化点を学んだ人なら、目の前が真っ暗になったのではないでしょうか。設備単体に何の変化も起きなかったといえるでしょうか。もし、やや遠い場所へ移動させたとすると、工場ユーティリティ（電気、空気、水など）や床の強度、明るさなどが変わっていることがあります。多数の設備を動かした場合は、多くの人も出入りし、移動中に環境（クリーン度）が悪化します。レイアウト変更とはいえ、すべて事前確認してリスクをなくしてから実施すべきです。

　加工プログラム（ソフトウェア）の変更も改善でおこなうことがあります。身近な例でいえば、スマホのアプリをバージョンアップすることを想像してください。普通は、新しいファイルをネットからダウンロードし、それをスマホにインストールして完了です。プログラムの中身が

第3章　変化点に対する具体的なアクション

どう変化したかは、わかりませんし、たとえ見せてもらっても理解できる人はまれです。同じことが生産設備でもおこなわれるのです。これはもう、社内の専門家にしっかりチェックしてもらうしかありません。

　三つ目は、METHODの変更で、変化点の見える化がレベルダウンすることです。

　たとえば**図表3-1-4**に示す、運搬作業の自動化です。作業者なら、運搬しながら、同時に五感や第六感を働かせて、何らかの変化点に気づくことがありますが、自動運搬台車にそこまで要求するのは無理でしょう？　こういったことは、手作業の自動化やサイクルタイム短縮では絶対に気をつけなければなりません。作業者にふだん何をしているかよく聞くことと、作業者の実際の行動を時間をかけて（始業から終業まで）じっくり観察することが必要です。

　精度を上げるために、切削から研削へ変更する、あるいは生産能力を増やすために、研削から切削へ変更することがあります。品質やコストを改善するために、溶接方法や熱処理方法の変更、旧型低速設備から新型高速設備への変更があります。

　これらに共通していることは、加工する材料の質的な変化に対する感度が変わるということです。目的は達成できたとしても、材質（成分）によって加工しやすさが変わるため、材質（成分）の微妙な変化に対する感度が変化する（鈍感になる）ことがあるのです。生産技術の担当者

図表3-1-4　改善で失われる変化点の気づき

に必ず確認してください。

　以上のように、改善目的でMETHODを変更する場合、意図した変化点を生じさせるわけですが、意外と見落としがちな変化点が多く存在します。

3-1-5　MEASUREMENTの見落としがちな変化点

　一般的な4Mに加えた、もう一つのMつまりMEASUREMENTの見落としがちな変化点について事例をあげて説明します。それぞれの変化点を一般的な4Mに分けて入れることは可能ですが、集めてみると、独立して考えた方がよいことに気づくと思います。

　最初に、MACHINEに入れることも可能な計測器の、笑えない変化点について紹介しましょう。**図表3-1-5**に示すように、計測値が中心値0近辺にあるときがOKで、プラス側もマイナス側もNGだとします。めったにNGが出ない場合、計測器の電源が外れていても（あるいは故障していても）、作業者は気がつかないことになります。テスターのような汎用の計測器を使用していると、こういうことが起きがちです。

　実際、どうしたらよいのでしょう。筆者の導入した検査工程では、OKの時に計測器の針が触れる、あるいは（通常ならNGでライン外へはね出されるのを）OKのときにラインからいったん外して再びラインへ戻

図表3-1-5　計測器の笑えない変化点

すという、自動機なのにポカヨケの考え方を入れた設備を導入しました。

　同じ計測器が複数台ある場合は、機差があるのが普通です。そして、その機差は、時間の経過とともに変化していくものです。事前に校正方法を決めておいて、機差の変化点管理が必要です。

　記録機能付きの計測器を使用していて、故障すると作業者が筆記具と紙を用いて記録することがあります。それまでその工程に必要なかった筆記具と紙だとすると、たとえば筆記具と紙から発生する異物が変化点になります。記入ミスというヒューマンエラーが起きることもあります。

　計測に限りませんが、上記のような非定常作業における変化点は見落としがちです。非定常作業でも作業要領書を作成し、考え得る変化点の管理方法を記入します。作業要領書の元資料は生産技術が作成するQC工程図（表）（5-3で解説）ですから、生産技術との連携が必要です。

　OK/NGを判定する検査規格は、現実には変更が起こります。極端な話としては、不良が多発していると、顧客の了解も得て、特採と称して規格がゆるくなります。反対に、ばらつきが重要な後工程へ大きな影響を及ぼしている場合は、不良が増えてでも検査規格を厳しくして、後工程でのばらつきをおさえます。こういう状況では、変化点を見逃しがちになりますから、変化点管理には、OK/NGとは別の、数値化した検査規格を用いるとよいでしょう。

　OK/NGは、計測器と検査規格だけで決まるわけではありません。計測器を校正するため、マスターを使用することがありますが、このマスターの変化が見落としがちです。摩耗や寿命、劣化、あるいは温度・湿度の影響が原因で変化することがあります。製品そのものを使用する場合は、変化要因が増えますので、より厳しい管理が必要です。

　品質が十分に安定すると、コストダウンのためにも検査の廃止が起きます。特定の検査項目の廃止なのですが、実は、その検査では、必然的に別の項目も検査されていたということがあります。たとえば、検査するために、実機相当の治具に固定し配管・配線されていたとすると、実機との接続検査もしていたことになります。作業者がその取り付け・取り外しをしていたとすると、作業者の五感や第六感も働いていたことに

なります。つまり、検査の廃止は、変化点に対する感度のレベルダウンを起こすことが見落としがちです。

　対策としては、5-4 の QA ネットワークでまた説明しますが、検査の主目的だけでなく、副次的な検査項目についても、明らかにしておいて、検査の廃止時に、工程全体で変化点に対する感度のレベルダウンを防がなければなりません。そして、このことは、検査工程に限った話ではありません。

3-1-6　ENVIRONMENT の見落としがちな変化

　温度や湿度の変化が、MACHINE や MATERIAL に影響を与えることは容易に理解されると思います。あ、忘れていました。もしかすると MAN が最も影響を受けるかもしれませんね。

　重要な影響については、5M それぞれで検討してかまいません。

　そもそも ENVIRONMENT で変化する項目には何があるかは、2-1-3 で代表例を示しました。ここでは、見落としがちな変化点について説明します。

　最初に、温度や湿度の変化と書きましたが、数値化できる表現だと変化点として理解しやすいと思います。では、天気、といったらどうでしょう？　何となく日常のことのように感じられて、生産現場で起こる異常と結びつかない感じがします。四季の変化もそうです。

　しかし、現実には、想定外という言葉が流行した東日本大震災のような、異常気象がよく起こっています。豪雨、豪雪、暴風雨、猛暑、雷雨、火山の噴火等々。こういうことが起きると、天気や四季の変化から想像できる温度や湿度の変化だけでない、色々な変化が生産現場を襲います。作業者の欠勤、設備の転倒や精度のずれ、計測器の狂い、材料の変質、部品の落下・破損、(仕入先や交通機関の被災による) 欠品、加工条件不良、停電、雨漏り、職場の安全・衛生確保困難等々。

　いきなり想定外の異常気象に備えるのはむずかしいと思います。しかし、日ごろから ENVIRONMENT の変化が、どのような影響を及ぼすか、

よく考えて変化点管理を決めておくことが必要です。繰り返しになりますが、天気や四季の変化、あるいは想定外の異常気象で何が起こるか考えることです。

たとえば、空調やクリーンな環境をあまり必要としない生産現場では、天候の影響が出ます。問題にならないギリギリのところで変化が起きるのでやっかいです。具体的には説明できませんが、作業者の心身への影響を筆頭に、動きが悪くなって設備のチョコ停が増加したり、材料の水分量が増えたり、部品が見えない程度に錆びたりするでしょう。限界をこえていないことを、どうやって確認するか、こえたらどうするか、前もって決めておかなければなりません。

空調やクリーンな環境が必要な生産現場では、外部から隔離されていますので、天候の影響はあまり出ません。ただし、材料や部品の出し入れや保管などに気をつける必要があります。重要なことは、自ら生産現場内にENVIRONMENTの変化を起こさないことです。ところが、気がつかずに変化を起こし、また起きた変化にも気がつかないことがあります。これを避けなければなりません。

生産現場内の最大作業者数を決めていながら、見学や実験あるいは保全対応で人数が増えてしまい、気がつかないということがあります。非定常な場合でも、入室時に室内人数が管理できるしくみ（在室人数の見える化、自動カウント、入室許可制、数量に限りのあるバッジの装着など）が必要です。

生産設備が熱や異物の発生源になることがあります。現場へ設置する前に、対策をとっておきます。たとえば半導体工場では、防爆タイプで露光装置に影響を与えないクリーンルーム専用の蛍光灯を使います。こういうことを知っていれば、どのような設備でも、必要性に応じて用意されていると考え、設備の選定を間違わないようになります。治具類は簡単に設計できて、完成したら何気なく持って行って現場に置いてしまいがちです。工具類、脚立やバケツなどの用度品類も含めて、搬入には設備と同様の厳しいルールが必要です。

材料、部品は、通常よりも厳しく3定、5Sを守ります。ただ、この

3定、5Sを守るために、一般工場内と同様に派手な活動を実施すると、かえって生産現場内の環境（ENVIRONMENT）を変化させてしまいます。

空調やクリーンな環境が必要な生産現場は、大型の処理装置の内部と同様に、室内の環境条件が均一だと思い込まず、複数の観測地点を設けて、リアルタイムで表示させ、異常時は音や光を用いて知らせなければなりません。常時記録もとります。半導体工場では、ドアの開閉がクリーンルーム内のクリーン度と不良率に直結することがあるそうです。作業者はクリーン服を着て室内に入りますが、女性は化粧が禁止されています。3定、5Sの活動も、ルールを決め、リアルタイムでの観測データをチェックしながら実施しなければなりません（**図表3-1-6**）。

最後に、温度、湿度といった個別の管理値が正常範囲でも、問題が起きる可能性があることを知っておかなければなりません。5M1Eの微妙な組み合わせで製品ができている場合、5M1Eの中のいくつかの複合要因や、要因の連鎖によって特性変化が起きることがあるからです。このような疑いは、理屈をこえた生産現場の勘や第六感で見つかることがあります。こういうときは、品質管理や生産技術の専門家に分析をしてもらわなければなりません。

図表3-1-6　クリーンルーム内の3定、5Sはルールを決めて粛々と

3-2 なぜなぜ分析

3-2-1　なぜなぜ分析と他のツールの併用

　問題が起きたら、その原因を探り、真の原因をつきとめて対策へ結びつける手法に、なぜなぜ分析があります。トヨタ自動車では「五つのなぜ」と呼んで、なぜという質問を5回繰り返すことが推奨されました。しかしこれは、5回に意味があるのではなく、根本的な原因を見つけるためには、なぜを何度も繰り返すことが大事だという意味でした。

　なぜなぜ分析をおこなうためには、会社や職場それぞれで使いやすいシートを作成しているのが普通です。共通しているのは、なぜなぜ分析の進め方です。変化点も考慮して、説明してみましょう。

　図表3-2-1 (1) に示すように、「問題」から出発し、なぜ起きたのかその原因を考えます。「問題」は結果系の変化点のことが多いです。原因はいくつか思いつくでしょう。採用か不採用かも判断し、採用の場合はさらになぜを繰り返していきます。なぜの繰り返しの中で、5M1Eの変化点が見つかるでしょう。要因系の変化点です。その変化点からさらになぜを繰り返していくことになります。こうして真因が見つかり、対策が（ときには別に再発防止も）決まります。このように系統的に整理しながら進めていくのがなぜなぜ分析の特徴です。筆者はこれを要因系系統図と名づけています。

　変化点管理は、変化点を発見して終わりではなく、真因を見つけ、対策を打たなければなりませんから、なぜなぜ分析は有力なツールです。出発点の「問題」を変化点の発見として始めればよいのです。

　しかし、生産現場で発見される変化点が、なぜなぜ分析だけで真因をつきとめられることはあまりありません。モノづくりは、むずかしくなってきています。そこで、色々なツールや生産現場固有の能力との組み合わせで対応していくことになります。**図表3-2-1 (2)** に、その

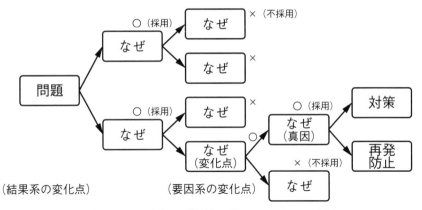

図表 3-2-1（1） 系統的に進めるなぜなぜ分析

全体像を示します。

変化点は、特性の変化や気になる現象として発見されます。結果系と要因系、両方の変化点があり得ます。まず、変化した特性や現象をしっかり観察します。不良品であれば、良品と比較してその違いを詳細に抽出します。次に、要因系系統図（なぜなぜ分析）を始めとする色々なツールが、真因追求に使われます。しかし、変化点の発見にも真因追求にも、現場の経験や作業者の五感ときには第六感が重要な働きをします。最後に、つきとめた真因から対策が決まり、生産現場では主に標準化という形で再発防止がされます。

ツールの中におなじみの5M1Eで分類した特性要因図が書いてありますが、もともと特性要因図はQC七つ道具の一つです。QC七つ道具については、3-4であらためて説明します。

また、図の中に3現、2原という言葉が書き込まれています。3現とは現場、現物、現実のことで、合わせて3現主義といわれます。2原とは原理、原則のことです。3現と2原を合わせて5ゲン主義といいます。このあと、3-3であらためて説明します。

注意すべきことは、生産現場でつきとめることができない真因もあるのを忘れないことです。**図表3-2-1（2）** の中では「現場の超知見」

第3章　変化点に対する具体的なアクション

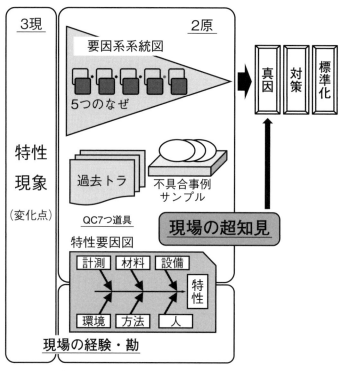

図表 3-2-1（2） 変化点の真因追求の全体像

という表現で書き込んであります。筆者の経験では、技術部門でもすぐ真因がわからなかった問題が何度もありました。市場クレームにならないように、関係者全員、必死で取り組んだものです。これについても、5ゲン主義の中で触れます。

3-3　5ゲン主義

3-3-1　3現主義

　現場、現物、現実を重視する3現主義は、問題解決のための取り組み姿勢として有名です。

　筆者は生産システム開発者として本社に自分の席がありましたが、実験室はもちろんのこと、実際に工場へ行くことや、自社以外のモノづくりを見学してくることを、先輩からうるさいほどいわれ続けました。ラインの立ち上げで問題が続き、1週間、毎日マイカーで出張したら走行距離が千キロをこえてしまいましたので、次の週は、工場の寮に泊めてもらったこともありました。

　変化点管理でも3現主義が重要です。変化点が発見されるのは、とうぜん生産現場でしょう。結果系の変化点なら現物（MATERIAL、MACHINE）、要因系の変化点なら5M1Eをしっかり観察しなければなりません。見落としがちな変化点は3-1で説明しましたが、現場や現物の見方にも通じる話です。

　ここで最も重要なのが現実です。現場へ行き、現物を目の前にしても、実は見ていないことがあります。現実とは、現在と事実を合成してできた言葉です。起こった変化点が過去の出来事で、現在（の5M1Eのどれか）見ているものと違っていたら、変化点の現実を見たとはいえません。異常報告があり、急いで現場へ駆けつけても、すべてが再現されていれば異常を見たことになりますが、そうでない場合、何かを見落としているという意識を持たなければなりません。犯罪の場合、状況証拠だけでは有罪にならないのとよく似ています。

　くどいようですが、変化点管理の場合、リアルタイムを重視します。
　もう一つ要注意なのは、処理されたデータです。
　統計のウソという言葉をどこかで聞いたことがありませんか。悪意が

あれば、統計を使って人をだます方法はたくさんあるという話です（興味のある方は、その手の本を読んでみてください）。そうでなくても、統計的な処理をしたために、真実が見えなくなってしまうことがあります。平均値がよい例で、筆者は「平均値はばらつきを隠す」と先輩から教えられました。実際は、ばらつきが変化している、サンプリング数が変わっている、測定方法が違っているなどのことがあっても（ルールがしっかりできていなかったからですね）、平均値の推移に変化はなかったということがあります。

生産現場の管理監督者は、現場の近くに席があり、できる限り多く現場へ足を運ばねばなりません。筆者の経験の中では、「33（さんさん）活動」という言葉がありました。生産現場の管理監督署は、1日に3回現場（3か所）へ行き、そこで3分間現場を注視せよ、というものでした。一種の定点観測です。

図表 3-3-1 に示すように、生産現場では時々刻々と色々なことが起きています。報告を受けたときは、それらはたいてい過去のことになっています。管理図であっても、処理されたデータはもう過去のものです。3現主義を徹底している生産現場の管理監督者なら、むずかしい変化点が発生した場合でも、技術部門の質問に、特に現実を正確に答えることができます。それにより、真因追求と問題対策が早くなります。

図表 3-3-1　管理監督者は現実を重視すること

3-3-2　3現主義から5ゲン主義へ

　3現主義は、問題解決のための取り組み姿勢として、現場、現物、現実の重要性を指摘しています。

　ところが、3現主義で、すべてを確認することができたとしても、必ずしもすぐに次の行動がとれるわけではありません。次の行動のために必要なのが、原理と原則で、これら2原を3現に加えた5ゲン主義をとなえたのが、筆者の勤務先の大先輩でもあった古畑友三氏でした。

　極端な変化点で説明してみましょう。すべてのモニターが正常なのに、とつぜん安全上デリケートな設備が停止したとします。設備はブラックボックスで、中が見えません。今のところ、発熱も異音も振動もありません。初めての現象で、取り扱い説明書にも説明がありませんでした。現場はぼう然として立っているだけでした。いったい何がないために、次の行動がとれないのでしょう。

　一つは原理を知らないことです。その設備でおこなっている加工や処理の原理、設備の動作原理、そういったことを知らないために、とつぜんの異常停止に対して、どうしたらよいか判断できないのです。

　もう一つは原則を決めていないことです。たとえば「初めての異常が発生したら、電源を切り（あるいは予備電源に切り替え）作業者を避難させた上で、○○へ連絡すること」といったような。

　図表3-3-2に5ゲン主義のイメージをイラストで示しています。

　極端な例でなくても、問題が解決しないことはよくあります。

　明確な異常が発見されました。それをしっかり観察しても、真因がわからなかったとします。生産現場なら、そこからなぜなぜ分析をしますが、真因をつきとめる前で行き詰まったら、対策は打てません。あるいは、理屈に合わないなぜを繰り返したら、間違った真因を導いてしまいます。こういったことを防ぐために、現場の知恵を結集しますが、それでもできない場合があります。どういう場合でしょうか。

　変化点が起きたのが、化学処理やハイテクが使われた加工、ソフトウェアで動く設備などであれば、これは生産現場にとって手ごわい相手

第3章　変化点に対する具体的なアクション

図表3-3-2　5ゲン主義とは？

です。3-2-1では、「現場の超知見」という言葉で表現しました。

　なぜなぜ分析で問題を解決できないのは、一つは、原理を知らないからです。極端な例でなくても、生産現場は変化点に関係する5M1Eをすべて理論まで知っていることはありませんし、それが普通です。もう一つは、なぜなぜ分析などでつきとめられない変化点の場合、たとえば技術部門に打ち上げるといった原則を決めていないからです。

　理屈に合わない解釈をし、間違った真因を導いて決めた対策を打ったら、どういうことが起きるでしょう。単に問題が解決しないだけなら幸運かもしれません。ますます問題が深刻化したり、問題はそのままで新たに別の問題が生じたり、表面的には問題が解決したように見えて実は別の問題が見えない形で発生しているかもしれません。

　繰り返しになりますが、変化点管理は、問題を発見し、対策と再発防止までを含む工程管理です。**図表3-2-1（2）** の中にも書いたように、変化点の発見には3現が、真因をつきとめるためには2原が重要です。合わせて、変化点管理には5ゲン主義が必要です。

3-4 QC七つ道具

3-4-1 変化点を分析するための使い方

　QC七つ道具とは、品質改善活動をおこなうときに、生産現場が活用する科学的手法の一つです。親しみやすい名前ですが、研究・開発をおこなう人たちにも使われている、とても便利な道具です。

　QC七つ道具には、いくつかの分類の仕方がありますが、日科技連（日本科学技術連盟）の分け方で、**図表3-4-1（1）**に、それらのイメージを示します。

　①チェックシートとは、現場でデータを収集しやすいように、項目名と記入する枠を書きこんだ用紙です。②パレート図とは、不良、クレームなどの件数や損失金額を、その原因や状況で分類し、データ数の大きい順に並べ、棒グラフと累積曲線の図にしたものです。③管理図（／グ

①チェックシート　②パレート図　③管理図/グラフ

要領よくデータを収集する

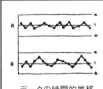
大きい順に並べて寄与度を調べる

データの時間的推移を見る　データの割合を調べる

④ヒストグラム　⑤特性要因図　⑥散布図　⑦層別

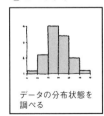
データの分布状態を調べる

特性への影響要因を整理する

2変数間の関係を調べる　データを特徴で分けて調べる

図表3-4-1（1）　QC七つ道具

第3章　変化点に対する具体的なアクション

ラフ）とは、データの時間的な推移のグラフに、管理するために必要な上側や下側の限界線を加えたものです。④ヒストグラムとは、ばらつきのあるデータを、区間ごとの度数分布にした棒グラフです。⑤特性要因図とは、結果（特性）と原因（要因）との関係を、矢印を使って表した図です。⑥散布図とは、二つの変化する量の関係を調べるために、点を打って視覚的に表した図です。⑦層別とは、機械や材料、作業者など、いくつかのグループに分けて、その違いを調べる考え方です。

　変化点管理に役立つQC七つ道具の使い方は、第2章の中で折に触れて紹介してきましたが、ここでは、②パレート図と⑥散布図、⑦層別の例を説明します。

　まず、パレート図の例を、**図表3-4-1（2）**に示します。

　これは架空のデータですが、結果系の変化点の代表例である特定の不良に対して、六つの要因（要因系の変化点、5M1Eなど）で不良数をパレート図にしたものです。ある特定の不良とはいっても、要因は一つに限らず、影響の大きい要因から小さい要因まで複数存在するのが、モノづくり特に大量生産における特徴であり、怖いところですね。

　次に、変化点の発見や分析に役立つ使い方として、QC七つ道具の組

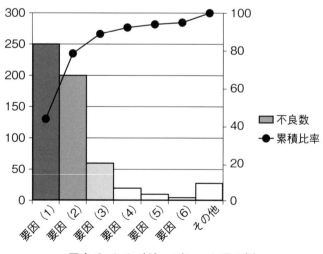

図表3-4-1（2）　パレート図の例

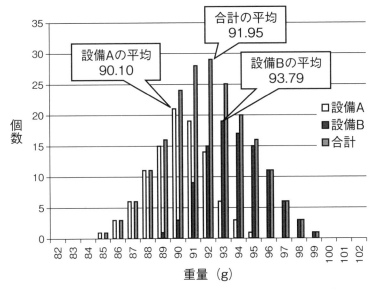

図表 3-4-1 (3) ヒストグラムと層別の組み合わせの例

み合わせを、これも架空のデータで紹介します。層別が威力を発揮します。

図表 3-4-1 (3) に示しているのは、ヒストグラムと層別を組み合わせたものです。

2台の設備AとBで加工していて、重量（g）が特性値になっています。それぞれの設備で100個のデータをヒストグラムにしてみました。設備A（棒グラフの色は白）の平均値は90.10g、設備B（棒グラフの色は黒）の平均値は93.79gで、明らかに分布が違っています。ところが、設備を層別せずに合計200個のデータ（棒グラフは灰色）をヒストグラムにすると、平均値は91.95gとなり、正規分布のように見えます。

これから容易に想像できることは、層別せずに団子で見ていると、変化点に対して鈍感になるということです。

図表 3-4-1 (4) に示しているのは、散布図と層別を組み合わせたものです。

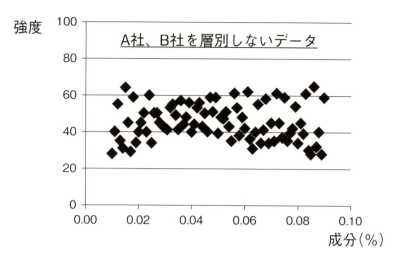

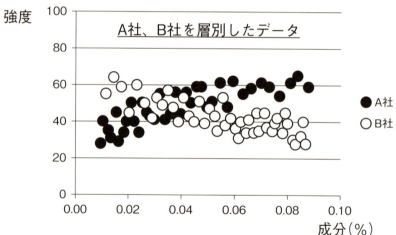

図表 3-4-1（4） 散布図と層別の組み合わせの例

　A、Bの2社から、材料成分を指定した金属材料を購入していますが、強度のばらつきが大きいと思われ、材料成分と強度の関係を、2社で層別したら、異なった傾向のあることがわかりました。

　前の例と同様に、層別しないで団子で見ていると、変化点（この場合は材料成分の比率と仕入先の両方）に対して鈍感になります。

　以上で、特に層別との組み合わせの重要性が明らかになったと思います。

3-5 QCストーリー

3-5-1 変化点が原因だった問題解決の模範例

　QCストーリーは、QCサークルといった小集団活動が、問題解決をおこなうための基本的な仕事の進め方です。生産現場が取り組みやすいマネジメントが含まれていて、人材育成や組織の活性化に役立ちます。

　もし問題の原因が5M1Eの変化点にあった場合、このQCストーリーはどのようになるでしょうか。

　実は、**図表3-5-1**に示すように、QCストーリーは、一般的な問題解決のステップと同じです。つまり、問題の原因が変化点であれ何であれ、QCストーリーに変わりはありません。各ステップの中で、変化点が中心になってくると、内容が変わるだけです。なお、図表3-5-1では、内容の例として、変化点が中心になった場合を示しています。

　この表の例では、不良が断続的に発生しています。また、何かをきっかけに大量発生もしています。ただし、不良の流出は、不良が大量発生したから必ず起きているわけでもなさそうです。

　月に一度の不良の大量発生を待ちかまえて、全員で手分けして実態観察をしました。現場、現物、現実の重視です。その結果から、変化点が原因として推定されました。したがって、要因の分析の中では、これまで説明してきた、現場にある変化点発見のための環境や見える化ツール、分析手法を駆使して、真因をつきとめています。技術的に高度な対策が必要になりましたので、生技（生産技術部門）の支援を得ています。一方、流出の問題は、なぜなぜ分析から真因が見つかったようです。

　なお、対策を確実なものにするための試行実験や、効果の確からしさを徹底するためのいじわる実験は、筆者の経験から付け加えたものです。

第3章　変化点に対する具体的なアクション

図表 3-5-1　変化点が真因だった場合の QC ストーリーの例

問題解決のステップ	QC ストーリー	内容の例
1. 目的の明確化	テーマの選定	品質が不安定なためコストアップ要因になっていて、さらに顧客（後工程）への不良流出がときおり発生している問題を取り上げた。
2. 現状レベルの把握と目標レベルの設定	現状の把握	不良は断続的で流出との関係はなさそう。発生と流出の両面で対策し、流出ゼロを目標とした。
3. スケジュールの作成	活動計画の作成	過去のデータから、不良は月に1回は大量発生し、流出は3か月に1台程度だったので、対策の完了まで3か月、効果の確認に3か月の計6か月とした。
4. 原因の究明	要因の分析	不良の大量発生時、全員が分担し、現場・現物・現実を実態観察。それを元に、5M1Eで分類した特性要因図、過去トラ、ヒヤリハットから変化点を発見。QC七つ道具で真因を特定。技術的な対策には生技の支援を得た。一方、なぜなぜ分析で流出原因を明らかにした。
5. 対策案の検討と実施	対策の立案と実施	発生源対策と流出防止策それぞれの案を複数検討し、試行実験により改善を加えた。本対策はベストの組み合わせとして実施した。
6. 効果の確認	効果の確認	対策後3か月間効果を確認した。不良の大量発生がなくなったので、流出防止の効果は、いじわる実験を加えて確認した。
7. 標準化 残された課題と今後の計画	歯止めと定着	作業要領書を改訂し、管理図とチェックシートを追加作成した。ヒューマンエラーを避けるため、生技は自動化を半年以内に実施。

3-6 不適合ロットを流さない

3-6-1 不適合ロットの特定方法

　変化点が発見されたとします。不適合品が発生する直前か、あるいは発生していても1個だけですめば、被害は小さいでしょう。トヨタ生産方式の2本柱の一つ自働化が徹底していれば、設備が自動検知して停止し、不適合品は多くても1個だけで、後工程には流出しません。しかし現実は、なかなかそううまくはいかないものです。

　もし重大な変化点が発見されたらどうしますか。まずは、ラインストップですね。これをちゅうちょしてはいけません。次に、関係者が現場に集まって、議論です。色々な対応が決まります。

　ここでは、筆者の経験から、不適合ロットの特定方法を紹介します。

　あるとき、不適合品が発見されました。その品物が最初ではなく、もっと以前から不適合品を生産していたようです。しかし、原因となった変化点をすぐ特定することができないため、不適合ロットを特定できません。つまり、不適合ロットの先頭がわからないのです。

　そのときの筆者はまだ経験の浅い生産技術者でしたので、あれこれと起こり得る5M1Eの変化点を頭で考えるばかりでした。しかし生産現場は、真因追求ばかりしているわけにはいきません。かんばん方式で生産されていて、中間在庫は必要最小限になっています。ライン停止が長く続くと、トヨタ自動車の組立ラインが止まってしまうのです。「トヨタのラインを絶対に止めるな」というのが、当時の現場の合言葉でした。

　不適合ロットをラインから取り除くための、現場の動きはとても機敏でした。

　図表3-6-1に、そのとき現場が使った、不適合ロットの先頭を特定する方法を一般化して示します。

　変化点が起きた可能性をロットトレースデータからいくつか選定しま

第3章　変化点に対する具体的なアクション

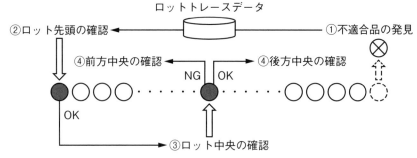

図表 3-6-1　不適合ロットの先頭を特定する方法

す。材料の変更とか機種段取りとか設備の故障とかです。筆者が経験したときは、記録用紙と作業者の記憶でした。そのロットの先頭の品物を確認して、OK であれば、不適合品との中央の品物を確認し、OK なら後方中央を、NG なら前方中央を、という感じで追い込んでいきました。

　発見した不適合品の後方にも品物がある場合も、同じ手順で不適合ロットの最後尾を見つけます。

　不適合ロットの先頭と最後尾を発見できれば、そこから逆に変化点が何だったのかわかる可能性がありますから、これはなかなか良い方法でした。筆者は現場の知恵に最敬礼したくなったものです。

3-7 第3章の演習

　第3章で学んだことの自己確認をしましょう。各設問の記述が正しければ○を、正しくなければ×を【　】の中に書き込んでください。

設問1　ほとんどのデータは過去の姿であり、現在の姿ではないことが多い。変化点をリアルタイムでとらえる工夫が大事である。【　】

設問2　ヒューマンエラーは、人に関する変化点とは関係がない。【　】

設問3　人の変化をなくすのは無理で、ひたすら訓練と経験が必要である。【　】

設問4　管理者は、朝礼時、夕礼時に作業者に変化がないか観察している。【　】

設問5　臨時の作業者として、多能工や熟練者は安心して依頼できる。【　】

設問6　定期点検、定期保全、計画的な改善工事後の機械は、以前より良くなっているから、異常が起きることはない。【　】

設問7　コンピュータで制御されている設備はむずかしいので、現場の作業者が変化に気づくのは無理である。【　】

設問8　部品や材料は、梱包状態や保管状態からでも変化点を発見できることがある。【　】

設問9　副資材は、直接製品にはならないMATERIALなので、変化点には関係ない。【　】

設問10　部品や材料の変化点は仕入先が原因で、調達や購買部門の責任なので、生産現場の人間は関与しない。【　】

設問11　人の作業を自動化したら、人の変化点は関係なくなるので、新たな変化点は気にしなくてよい。【　】

(設問 12)　設備レイアウトの変更は、工程そのものを変更しないかぎり、新たな変化点が起きることはない。【　】

(設問 13)　コンピュータプログラム（ソフトやアプリ）のバージョンアップは、改良を目的におこなうが、インストール後は変化点が生じないか注意する。【　】

(設問 14)　計測器が使われている場合、その計測データに注意してさえいれば、変化点の発生はすぐにわかる。【　】

(設問 15)　計測器の管理にマスターワークを使うことがあるが、計測器だけでなくマスターワークの管理も必要である。【　】

(設問 16)　異常気象のような想定外の環境変化は、変化点管理では事前対応は無理である。【　】

(設問 17)　クリーンな環境の生産現場では、出入りする人や携帯する道具類、また運び込む部品、材料の管理を徹底する。【　】

(設問 18)　温度や湿度といった個別の管理値がすべて正常であれば、環境が原因とする異常は起きることがない。【　】

(設問 19)　なぜなぜ分析を繰り返すことで真因にたどりつける。【　】

(設問 20)　現場、現物、現実の3現主義を徹底するだけで、アクションはすぐ決まる。【　】

(設問 21)　3現主義に原理と原則を加えた5ゲン主義によって、次の行動や正しい対策が打てるようになる。【　】

(設問 22)　生産現場の本当の使命は、Q、C、D、P、S、M、Eのバランスを考えながら付加価値を生み出すことである。【　】

(設問 23)　ヒストグラムや散布図に層別を組み合わせて分析すると、変化点は見えにくくなる。【　】

(設問 24)　変化点が原因だった問題解決の模範例はQCストーリーになっていることが多い。逆に、変化点の問題解決にQCストーリーが役に立つ。【　】

(設問 25)　不適合ロットを流さないため、ロットトレースは重要である。【　】

第3章の演習の解答

解答の×については、ヒントや解答例をつけておきますので、自分が間違っていると思ったことがその通りだったか、確認してみてください。もちろん、○を×だと思ってしまった設問については、該当箇所に戻って復習してください。

設問1 ○、設問2 ×（体調の変化は特に要注意です）、設問3 ×（人に負荷をかけるだけでなく、負荷を減らす方法もありましたね）、設問4 ○、設問5 ×（久しぶりというキーワードがありましたね）、設問6 ×（意図した変化から意図しない変化が起きる例はここにもあります）、設問7 ×（ブラックボックスのような設備でも、人に関心を持ってもらうことは重要で、愛称をつけたりして、常に五感を働かせるようにしている例は多いものです）、設問8 ○、設問9 ×（製品特性や加工に影響を与えることが多いです）、設問10 ×（仕入先のことも知っておけば、原因究明や対策の早期化に役立つでしょう）、設問11 ×（意図した変化から意図しない変化が生じることがあります。設備やユーティリティの変化を考えてみましょう）、設問12 ×（設備を動かしませんでしたか。環境は変わっていませんか）、設問13 ○、設問14 ×（計測器も変化しますよ）、設問15 ○、設問16 ×（5M1Eの視点で事前に変化点をリストアップしてみましょう）、設問17 ○、設問18 ×（複数の要因が組み合わさったときの効果が問題になることがあります）、設問19 ×（技術的に高難度の問題はどうでしょう）、設問20 ×（3現主義は問題への取り組み姿勢でしたね）、設問21 ○、設問22 ○、設問23 ×（分類してむしろ見えやすくなります）、設問24 ○、設問25 ○

第4章

問題解決後の歯止め

変化に強い職場環境をつくるためには、標準化、人材育成（教育）に加え、チームとしてのマインドづくりが必要です。

4-1 変化点管理の更新

4-1-1　見直しと強化のポイント

　変化点は異常とも呼ばれます。異常というと、めったにないこと、もう二度とないことと思ってしまいがちです。グローバル時代になって、世界中の商品の品質は著しく向上してきました。そのような中で、高品質を競争力にしようとするなら、異常と思われるようなことでも、起きたらすぐ発見でき、二度と起きないようにすることが必要です。

　理想は、起こり得る変化を事前に想定し、変化に強い工程づくりをすることで、第５章で解説します。しかし現実には、それを徹底することには限界があります。人間の知識・経験・想像力の限界ではありません。時間とお金の限界が目の前に立ちふさがるのです。仕事の効率を上げる努力はしますが、結果として、想定外の変化点が起きて発見が遅れたり、想定していた変化点に対するしかけが機能しなかったりということが起きます。こういう場合は、変化点による貴重な経験を積むことができたと前向きにとらえ、対策後の歯止めとして、次の四つのことが重要になります。

❶　現状の変化点管理を更新すること
❷　更新した変化点管理を標準化すること
❸　上記❶、❷をベースにして人材育成をはかること
❹　変化に強い職場環境をつくること

　ここでは、❶についてもう少し詳しく説明します。現状の変化点管理とは、第２章、第３章で説明してきたしくみやツール、アクションのことです。実際に発生した変化点と対応方法に基づいて、それらを更新するわけですが、更新には**図表4-1-1**に示すように３段階あることを意識してください。それらは見直し、強化、目指すものの３段階です。

　見直しとは、現在ある変化点管理の内容の更新と、なかったものを追

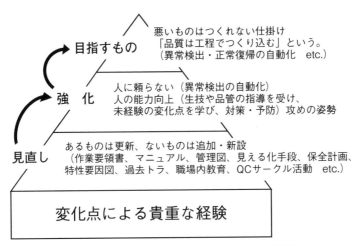

図表 4-1-1　変化点管理の更新の 3 段階

加・新設することです。人の変化点に関するものなら、作業標準やマニュアル、設備の変化点に関するものなら予防保全計画書が対象です。本書で勧めている、特性要因図への書き込みや過去トラ掲示板への追加もあります。こうするとこうなる、こういうときはこういうことが起こる、といった具体的な表現を心がけます。職場内教育や QC サークル活動のやり方も見直すことがあるでしょう。

　二つ目の強化とは、たとえば、人に頼っていた変化点の検出を、自動検出化する場合が該当します。また、現場の知識を超える技術的な内容を含んでいた場合、それを技術者からしっかり学ぶことです。機会学習とも呼びます。変化点管理の技術的な意味を作業者が知ることができれば、担当する工程の変化点に対する感度は間違いなく高まります。

　三つ目の目指すものとは、変化を前提にした発見や対応といった守りではなく、変化そのものを前提にしない方向への攻めです。人を機械に置き換える自動化は、同時に変化が人から機械へと移りますが、機械の変化の方が管理しやすいものです。また、機械に自動制御機能を持たせれば、異常の兆しを検出して常に正常状態にあるようにすることも可能です。「悪い物はつくれないようにする」とか「品質は工程でつくり込む」といわれるものです。

第 4 章　問題解決後の歯止め

4-2 変化点管理の標準化

4-2-1 知見の展開と道具立ての重要性

　変化点によって貴重な経験をし、歯止めとして、生産現場内にあるしくみやツール、アクションを更新しても、それで終わりではありません。この経験を自部署以外へも伝える努力が必要です。**図表 4-2-1** に、そのイメージをイラストにしました。

　生産現場にある多くのツール類は、その現場限りのことが多いもので

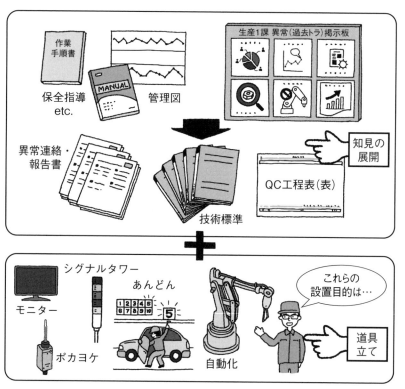

図表 4-2-1　知見の展開と道具立ての重要性

す。その点、過去トラ掲示板は公開しているという点ですぐれた展開可能ツールです。しかしこれも、同じ問題が発生するかもしれない遠くの組織へ伝えるのは困難です。多くの組織が共有している過去トラ集（データベース）に入れるべきです。あらためて資料を作成しなくても、掲示板の写真を貼り付けて、キーワードを記入するだけにすれば、手間も省け、検索も可能になります。

関連する部署への異常連絡・報告書は、必ず報告まで完了させましょう。真の原因が何で、どのように対策したのか伝えることです。

現場の作業要領書や色々な管理図の原点は、生産技術部門が作成するQC工程図（表）です。詳しくは第5章で説明しますが、これを改訂してもらわなければなりません。改訂した内容は、別の現場のQC工程図（表）に反映できます。

現場の知見をこえる技術的な問題で、会社としても重要な技術情報を含んでいるなら、全社の技術標準（品質管理基準、工程管理基準、設計基準 etc.）に、生産技術部門を通じて反映してもらいましょう。

以上の標準化を図表の中では、「知見の展開」と表現しています。

標準化とは書き物をつくればよいというわけではありません。ポカヨケのしかけを見れば、これはきっとヒューマンエラーを避けるために設置してあるに違いないと誰でも思います。自動化設備も、目的は品質かコストだろうという目で見ます。QC発表やトップのQC診断、他部署の見学など機会あるごとに、これらのポカヨケや自動化設備の設置目的を説明することで、貴重な経験は伝わり、広く横展開されます。図表の中で表現している「道具立て」も説得力のある標準化ツールです。

現場の状況をリアルタイムで見える化するあんどんは、シグナルタワーや色々なランプ表示、モニター表示に変わっても、生産現場の標準的なツールになっていくでしょう。

4-3 人材育成

4-3-1　変化点管理教育のあり方

　問題解決後の歯止めとしておこなう、変化点管理の更新や標準化の仕事は、生産現場にとっては非定常の業務になります。出来高工数のような生産性の目標を守ろうとすると、リーダーや管理監督者だけの仕事になりがちです。それはそれで仕方のないことかもしれません。

　しかし、長い目で見れば、非定常の業務が、人を育て組織を強くしていくことは、何となくわかると思います。生産現場であれば、メンバーの階層でメリハリをつける方法があります。

　リーダーや管理監督者は、真因追求から通常の歯止めまで中心になって活躍しますが、さらに高い目標を設定して仕事に取り組んでもらいます。たとえば、前後工程との連携による変化点管理の強化です。計画を立て、目標達成のための重要課題に取り組みます。他部署との交渉が多くなります。会社のしくみを勉強する必要も出てきます。上司の指導を受けながら、きちんと PDCA を回せるようになることは、マネジメント能力の向上につながります。

　一方、定常作業が主業務になっている、現場の作業者グループです。できれば問題解決能力、少なくとも変化点発見能力を向上させたい人たちです。選抜してライン作業から外し、リーダーの下で真因追求から通常の歯止めまでさせます。将来のリーダー候補としての育成になります。それ以外の作業者の場合は、作業時間とは別の時間をつくって、変化点管理の更新や標準化の実作業をするのがよいでしょう。

　ただし、変化点管理の更新や標準化は、問題解決のステップの中の一つです。それだけでは効果は不十分です。やはり QC ストーリーにしたがった問題解決の中で、歯止めを経験するのがベストです。それには、過去ではなく、現在変化点が課題になっているテーマを選んで、QC

サークル活動の中でおこないます。最後は他部署も参加している場で発表することです。

教育として取り組む場合の注意があります。上司が講師になってテキストを作成して……まではよいですが、教室や会議室、研修所にとじこもるのはいけません。現場現物現実の3現主義を忘れないことです。必ず現場で現物を使って説明します。そして、原理原則にしたがうことで真因がはっきりして対策できたこと（5ゲン主義の大切さ）を、過去トラで具体的に説明します。

図表4-3-1に、作業者の変化点管理教育のポイントを示しました。

昨今の生産現場は混成チームになっていることが多いです。正規の社員以外に、期間社員、派遣社員、アルバイト、パート、請負社員などがいます。契約上QCサークル活動や教育に参加してもらえない作業者以外は、全員参加で取り組んでもらいます。

ビジネスがグローバル化し、技術が高度化し、品質の要求レベルが高まっている現在、生産現場には色々な変化が洪水のように押し寄せています。作業者には、変化点に対する知識、技能、経験、五感から第六感にいたるまでの高い感度が求められています。それらを学ぶことは、作業者一人ひとりの成長と、組織力の向上につながります。

図表4-3-1　作業者の変化点管理教育

第4章　問題解決後の歯止め

4-4 職場環境

4-4-1 改善マインドづくり

　歯止めの最後は職場環境です。

　これまで説明してきたように、変化点管理の更新や見直しによって、生産現場のしくみやツール、アクションは強化され、それを通じて一人ひとりの人材が知識や技能、経験レベルで成長します。とうぜん組織力は向上しますが、組織力が、人、もの、お金、情報やしくみといった要素の足し算でないことはご存じのとおりです。2-1-9 では、何でもいえる職場風土について説明しましたが、そのような職場環境は、要素の足し算を掛け算にすることもあります。もちろん逆もあり得るということですが。

　1-5-1 で説明した、生産現場の使命について思い出してください。生産現場の使命は、Q、C、D、P、S、M、E をバランスよく満足させながら（つまり生産活動をしながら）、付加価値を生み出すことでした。付加価値とは品質向上やコストダウンなどです。そのために改善に取り組みますから、改善は生産現場の真の仕事だといってもよいと説明しました。ところが、改善は何らかの変化を生じることが多いとも説明しました。

　変化点による品質問題は、改善マインドを臆病にさせる恐れがあります。変化点に対する恐れをなくし、勇気をもって改善に取り組むマインドを醸成することは、何でもいえる職場風土とともにきわめて大切です。

　図表 4-4-1 に示すように、改善マインドづくりのベースは、知識であり技能であり経験です。知識とは変化点管理に関係する色々なツールやしくみを知っていること、技能とはそれらを使いこなす能力のことです。経験とは、さまざま変化点をどれだけ発見し、また変化点が原因で発生した問題の対策や歯止めをどれだけしたかです。個人のスキルマッ

図表4-4-1　改善マインドづくり

プに追加しましょう。

　知識、技能、経験が増えてくると、変化を恐れぬ勇気もわいてきます。もしかすると勇気には個人差があるかもしれません。しかし、集団になるとその欠点は目立たなくなります。そのために、日ごろからチームワークを大切にして仕事をします。QCサークル活動も、チームワークづくりに貢献します。

　本書では、意図しない変化に対する管理を中心に解説しています。しかし、意図しない変化に対する力がついてきたら、次は、意図した変化に対する取り組みでしょう。生産現場にとっては、改善が身近な取り組みなので、さらに力をつけるため、第5章、第6章、付録と読み進んでください。

4-5 第4章の演習

　第4章で学んだことの自己確認をしましょう。各設問の記述が正しければ○を、正しくなければ×を【　】の中に書き込んでください。

設問1　異常はめったに起きないので、起きたら運が悪かったとあきらめて、早く忘れる方がよい。【　】

設問2　問題が起きたときは、現状の変化点管理を更新するが、その最初のステップの見直しでは、こうするとこうなる、こういったときはこういうことが起こる、といった具体的な表現を心掛けるのがよい。【　】

設問3　異常が起きかかったら正常な状態に戻すという自動制御は理想であり、無理だから最初から考えない。【　】

設問4　生産現場にある多くのツール類は、その原場限りのものなので、他部署では役に立たない。【　】

設問5　生産現場で起きた過去トラをデータベース化して、いつでも再利用できるように工夫するべきである。【　】

設問6　変化点管理を他部署へ広めて標準化していく仕事は、生産性でしばられている生産現場の仕事ではないから取り組まない。【　】

設問7　メンバーが多様化している生産現場でも、契約上問題があるメンバーを除いて全員参加で問題解決に取り組む。【　】

設問8　変化点の問題をQCサークル活動で取り上げ、その結果を大会などで発表すれば、人材育成を通じて変化に強い職場をつくることができるが、高度な技術が関係している問題は避けるべきである。【　】

設問9　大きな効果をねらって改善に挑戦し、結果として様々な変化が生じて問題が発生したら、やり過ぎだったと徹底的に

反省する。【 】
- **設問10** 現場のスキルマップに変化点に関するスキル（ツールの作成や運用能力）を追加し、メンバーのモチベーションを高める。【 】
- **設問11** 変化を恐れぬ勇気とは、その人の個性だけでなく、知識や技能、経験を通じて高めていくことができる。【 】

第4章の演習の解答

解答の×については、ヒントや解答例をつけておきますので、自分が間違っていると思ったことがその通りだったか、確認してみてください。もちろん、○を×だと思ってしまった設問については、該当箇所に戻って復習してください。

設問1 ×（めったに起きないことほど被害は大きいもの）、**設問2** ○、**設問3** ×（どこまでカバーできるか、導入する機会はあるのか、コスト的にどうなのか、検討するのは生産技術者の仕事です。しかし、現場の人は、検討したかどうか尋ねる権利があります）、**設問4** ×（現場にあるツール類は、ヒントや示唆に富んだ宝物です）、**設問5** ○、**設問6** ×（現場の公開やQC発表などで広めることは重要な仕事です）、**設問7** ○、**設問8** ×（高度な技術はどの職場にもあるのではありませんか。だとしたら？）、**設問9** ×（時間がかかっても原因を調べて整理すれば対策も打てるのでは？　また、仕事の進め方も、たとえばQCストーリーに照らし合わせて分析すれば、より良いやり方を学べるのでは？　チャレンジ⇒失敗⇒反省では、短絡的過ぎませんか）、**設問10** ○、**設問11** ○

第4章　問題解決後の歯止め

第5章

生産技術部門での変化点管理

製造品質確保のための重要なツール「工程FMEA」「QAネットワーク」「QC工程表」の基本と変化点管理への応用を紹介します。

5-1 製造品質確保のツールの全体像

5-1-1　生産現場より上流にある三つのツール

　初めての製品を生産する場合、品質確保のために生産現場が作成するのは、まず作業要領書でしょう。そして、ほぼ同時に、記入するための管理図やチェックシートを用意します。次に、ポカヨケが工夫されたり、あんどんが設置されたりするでしょう。

　生産が開始されて問題が起きれば、管理図やチェックシート以外のQC七つ道具やなぜなぜ分析などの出番です。

　これまで、生産現場の目線で説明してきました。したがって、上記のツールを変化点管理でどのように使うかを、重点的に説明してきたわけです。しかし、製造品質確保の活動は、もっと上流から始まっています。生産現場のすぐ上流は、生産技術部門です。そこで使われるツールと生産現場のツールは、どのようにつながっているのでしょうか。

　図表 5-1-1（1）に生産技術部門と生産現場が使う主なツールの関係を示しました。実線の矢印は仕事の順番を示し、直線はほぼ同時、破線の矢印は必要時に前のステップにもどることを示しています。

　この図からわかることは、生産技術部門が最初に着手するのは、工程FMEAとQAネットワークだということです。そして、QC工程図（表）、工程能力調査と続きます。ここまでが生産技術部門が使う主なツールで、生産現場は、QC工程図（表）と工程能力調査結果をもらって、作業要領書や管理図の作成にとりかかるわけです。

　生産技術者が使う製造品質確保のための七つ道具（ツール）をあえて示せば、**図表 5-1-1（2）**のようになると思いますが、その中の、重要な三つのツール、工程FMEA、QAネットワーク、QC工程図（表）について、以下、簡単な説明と変化点管理との関係を説明します。

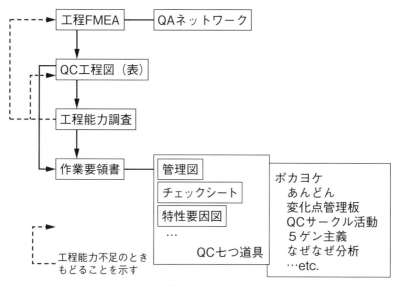

図表 5-1-1（1）　製造品質確保のための主なツール

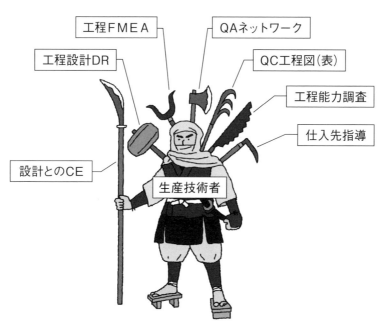

図表 5-1-1（2）　生産技術者の製造品質確保の七つ道具

第5章　生産技術部門での変化点管理

5-2 工程 FMEA

5-2-1 工程 FMEA とは

　工程 FMEA（Failure Mode Effect Analysis）は、工程における故障モードとその影響の大きさを解析する手法です。しかし、解析だけが目的のツールではありません。現状の対応状況も分析し、問題点を抽出して事前対策へつなげる改善ツールです。

　図表 5-2-1 に、工程 FMEA を理解してもらうために、M8 ナット締付工程をモデルに、シートの記入例を示しました。

　上から一段目は、記入項目の見出しで、三段目以下に記入するのですが、二段目に何を記入するのか説明してあります。

　この例では、三段目しか書いてありませんが、必要なだけ下に何段も記入していきます。具体的にいうと、故障モードのところには、図ではトルク不足しか書いてありませんが、考えられる故障モードを四段目、五段目と書き加えていくのです。ナット締付高さ不良、ナット欠品、締

名称	機能	故障モード	故障の原因	故障の影響	影響度	故障の発生頻度
検討する工程名を記入する	機能や特性（自動など）を記入する	機能や特性が失われた状態をすべて記入する	それぞれの推定原因をすべて記入する	故障が与える影響をすべて記入する	大きさを評価して記入する 1：軽微 2：限定的 3：重大 4：致命的	大きさを評価して記入する 1：まれ 2：少ない 3：多い 4：大量
M8ナット締付	規定トルク精度で自動締付	トルク不足	ナットランナーの故障	液漏れ	3	1

付時間オーバー、ナットランナー電流異常 etc. です。それぞれに対して、とうぜん右の欄も記入していきます。

影響度と発生頻度を評価したら、それらの数値を掛け算して重要度の欄に記入します。それにより検討の優先順位が決まっていきます。

重要なのは、最後の三つの欄です。故障モードに対して、その検出方法と防ぐ方法を記入します。どちらも、具体的な方法を記入します。

この例では、トルク不足という故障モードに対して、設備内蔵検出装置（トランスデューサー）で検出可能となっていますから、トルク検出機能のある設備を導入したようです。とはいっても、検出装置含めて設備の管理が必要ですから、防ぐ方法として、マスターチェックによる始業点検と定期的な部品交換が必要であると記入しています。そして、最後の対策・処置・確認欄に、QC工程図（表）に管理方法の記入を完了したと書いてあります。

故障の検出方法に書く内容は、必ずしもこの工程に限定する必要はありません。後工程にまとめて検査工程を設置した方が合理的な場合もあります。そのときは、検出方法の欄に、たとえば抜き取りチェックと書き、対策・処置・確認欄に、出荷検査に製品機能検査項目を追加、と書きます。

なお、後工程含めて検出可能かどうか確かめる方法として、QAネットワークがありますが、これは5-4で説明します。

重要度	故障の検出方法	防ぐ方法	防止対策処置確認
影響度×頻度	故障モードの検出方法として対応可能な方法を記入する	故障の発生を防止・抑制するために必要な設計、製造、検査、運用、管理等の対策を記入する	対策・実施の有無、結果を記入する
3	設備内蔵検出装置（トランスデューサー）で検出	始業点検（マスターチェック）と定期的部品交換	QC工程図（表）に管理方法の記入完了

図表5-2-1　工程FMEAシートの記入例

第5章　生産技術部門での変化点管理

5-2-2　変化点管理との関係

　生産技術部門は、すべての工程に対して FMEA をおこないますが、変化点管理はどの部分に関係するでしょうか。

　それは、故障モードとその原因です。変化点に対して、強力に武装します。

　具体的に説明してみましょう。

　図表 5-2-1 では、トルク不足に対して、ナットランナーの故障としか書いてありません。設備の故障は異常ですから、もちろんこれは変化点です。

　トルク不足の原因として、他に何か変化点はないでしょうか。こういうときに 5M1E で考えると、抜けなく抽出することができます。5M1E で書いた特性要因図があれば便利です。

　設備以外なら、ナットの異常（ねじが切ってないとか）、始業時の作業者によるトルク設定ミス（ヒューマンエラー）、トルクトランスデューサーの誤判定、近くで溶接設備が稼働したための急激な電圧低下といったものが抽出できるでしょう。

　生産技術部門では、類似工程の実態や工程 FMEA シート、過去トラ集なども確認し、組織をあげて DR（デザインレビュー）もし、上司の承認を得て、このシートを完成させます。

　この仕事に生産現場も参画し、初めての製品とその工程を理解すると共に、古い記憶や勘・コツ、ノウハウになっていることから、最新の実態や日ごろ困っていることを打ち上げて、生産開始前に対策を打ってもらいましょう。

　強力に武装された工程 FMEA は、意図しない変化点だけでなく、意図した変化に対しても威力を発揮します。

　意図した変化つまり目的を持った工程変更をするときは、工程 FMEA シートの機能の欄に注目します。ここがどう変わるかそのメカニズムをよく考えて、故障モードを見直し、検出、防止・対策へと進めていきます。

5-3 QC 工程図（表）

5-3-1 QC 工程図（表）とは

　これまで何度か QC 工程図（表）という名称を使ってきました。やっと解説をすることができますが、これは生産現場にとってきわめて重要な情報です。

　製造業では、一般に QC 工程図とか QC 工程表と呼んでいますので、あえて統一せず、QC 工程図（表）と書いてきました。筆者の勤務していた会社では、どちらでもなく、伝統的な名称（工程管理明細表）が使われていました。

　QC という名前がついていますから、いうまでもなく品質管理のポイントを明らかにしたシートです。**図表 5-3-1** に、QC 工程図（表）の基本的な考え方を示します。先ず、QC 工程図（表）とは、加工条件を書いて終わりではなく、長期的に良品をつくり続け、またそれを確認する方法が書かれたシートです。シートの左側から大まかにいうと、工程のステップ、管理項目（何を管理するのか）、管理方法（どう管理するのか）が書かれています。

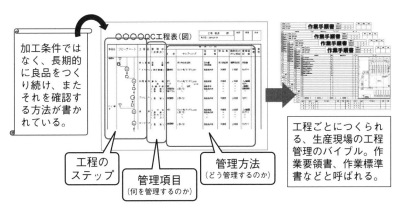

図表 5-3-1　QC 工程図（表）の基本的な考え方

もう少し詳しく説明すると、管理項目とは、結果系（品質や特性）で見る管理点と、要因系（品質や特性に影響を及ぼす5M1E）で見る点検点になります。管理方法とは、管理項目を具体的に測定し記録する方法のことです。
　このQC工程図（表）を元に、生産現場は、工程ごとに、作業手順書（作業要領書、作業標準書などとも呼ばれる）を作成することになります。
　筆者の勤務先で作成していたシートには、いくつかの特徴がありました。
　まず、1工程につき1枚のシートを作成することです。逆にいうと、1枚のシートに書けるだけ多くの工程は書かないということです。もちろん紙は貴重な資源です。紙の資料で始まったシートでしたが、品質管理を重視していた勤務先の姿勢だったと思います（現在はデータ化されています）。他には、管理点を5M1Eの視点で網羅していること、設備や治具の構造図など図が多いこと、管理方法の根拠となる工程能力調査結果を書き込んでいることなどです。勤務先のシートは、社外に出せない重要機密書類でした。

> **コラム**　先輩から伝承されてきた智恵
>
> 　人材育成の方法の一つにOJTがあります。技術や技能を、仕事を通じて教え、実践させて育成していく方法です。筆者の経験では、実際的なテクニックやスキルよりも、語呂の良い、ことわざか川柳のような先輩の言葉が、意外と鮮明に記憶に残っています。
> 　変化点管理に関係するものをいくつか書き出してみましょう。
> 「ほとんど同じは何かが違う」「見落とすほど小さな変化点」「去年の○も今は×」「一個の新顔不良、n増せば必ず再発」「わずかな治具・型修正でも、初品検査を怠るな」
> 　モノづくりとは違った世界を例にした言葉もありますよ。
> 「飛行機は、離陸・着陸時が危険（飛行中より操縦の変化点が多いから）」
> 「自動車事故は交差点が圧倒的に多い（運転環境は変化点だらけだから）」
> 　5ゲン主義の変形版みたいな教訓も、筆者の心に深く刻まれています。
> 「技術は嘘つかない」「理屈と人情にさからうな」

5-3-2　変化点管理ポイントの記入

図表 5-3-2 に QC 工程図（表）の例を示します。これは、ネット上に公開されているシートを使って、筆者が仮想の特注ナットをモデルに、素材から切削加工して出荷するまでを書き込んだ例です。

少し補足説明して、QC 工程図（表）の特徴と変化点管理との関係を理解してもらいます。

左から2列目に工程記号というのがあります。この記号は工程の意味や機能を示すものです。3列目の工程名とセットで工程を説明しています。なお、記号は JIS（日本産業規格）で規定されています。

以下、設備名、管理項目、管理方法と続きます。

記録欄には使用する管理図などが記入されています。また、管理部門や管理責任者が明記してあります。

変化点管理の関係で見ていくと、結果系の変化点も要因系の変化点も抜けがなく、管理項目や管理方法が示されているかがポイントになります。

設備名称の欄を見てください。加工設備本体だけではありません。付随している計測器や専用治具、さらには工場ユーティリティから通い箱まで抽出してあります。これらはすべて変化するもの（劣化、摩耗、変動、汚染など）、変化して品質や特性に影響を与えるものとして、とらえられているからです。

管理方法は、五感含めてどんな計測器を用いて、どんな頻度で、誰がおこなうか書いてあります。実務をおこなうのは作業者のことが多いですが、責任者は班長以上の管理者になっています。

測定頻度つまり管理間隔ですが、生産技術者は、変化点が起こる周期を想定して、それ以内に設定します。工程が安定してくれば、とうぜん頻度は減りますので、QC 工程図（表）は改訂され、一番下の改訂履歴を追記し、上司の承認を得て発行されます。それを受けて、生産現場は作業手順書などを改訂します。

記録欄に書かれてあるのは、色々な品質管理のツールです。5M1E の

QC工程表		製品名 (社外秘)	特注ナット (JMA)	対象工場	本社工場		文書番号		AKB48		来認	確認	作成
		製品No	123-456-789	対象ライン	特殊仕様専用ライン		作成日 改定日 版数		2050.12.31. 第1版				

工程番号	工程記号	工程名	設備名称	管理部門	管理項目	管理特性	管理水準	測定方法	測定機器	測定頻度	責任者	記録	異常時の処置(決定者)	引用規格 関連文書	備考
1	▽10	原材料保管	専用計測器	部品検査課	重量、外観	客先注文	計測器図面 注文書	専用計測器	目視	全数	作業者 班長	入出庫台帳	工場長 課長	材料管理手順書	
2	○20	ナット機械加工 セット検査	成分分析装置 NC旋盤	生産課 品質管理課	有害物質 形状寸法	図面規格 図面規格	X線分析 自動機	機能測定器 自動機	n=1/ロット 全数	作業者 班長	試験データ 自動機	課長 課長	定期検査要領書 製造指示書	RoHS規制	
3	○30	ナット切削	NC旋盤	品質管理課	治具 寸法	治具図面 図面規格	治具寸法 自動測定器	自動機	1回/年 n=4/回	班長 班長	管理台帳 自動機	課長 課長	作業要領書 定期検査要領書		
4	▽40	脱脂洗浄	トリクレン洗浄機	生産課	寸法、切削精度 外観	計測器図面 全量交換	機能測定器 目視	機能測定器	全数 1回/ロット	班長 作業者	管理台帳 チェックシート	課長	作業要領書		
5	○50	エアーブロー	エアーガン	生産課	洗浄液(注油) 圧力	トリクレン交換 0.6～0.8MPa	当該作業なきこと 圧力計	目視	始業時	作業者 班長	チェックシート	工場長			未賀水準防止法 施行規制に したがうこと
6	○60	品質検査	機能測定器	製品検査課	寸法、形状精度 測定箇所	図面規格 仕様書	製品測定器 マスター	機能測定器	出荷ロット毎 1回/ロット	検査者 班長	出荷検査成績書 管理台帳	課長 課長	検査要領書 定期検査要領書		
7	◇70	数量検査	生産管理課	製品検査課	数量	納品書		目視	出荷ロット毎	作業者 班長	納品書	課長	納品書		作業要領書
8	□80	完成品保管	生産管理課		個包装 満い箱 測び、箱	異物のなきこと なきこと	目視		出荷ロット毎	作業者 班長	チェックシート 納品書	課長 工場長	出荷要領書 梱包手順書		
9	▽90	運搬	(外注委託)	生産管理課	数量、外観	納品書	目視		出荷ロット毎	班長	納品書	工場長	運搬管理要領書 契約書		A社(徒内外注) 専用運い運搬

【改定履歴】

版数	改定年月日	改定内容
△1		
△2		
△3		

【備考欄】
セミナーの著者用として、著者工程に基づいて作成する。

部門		氏名	

図表5-3-2 QC工程図(表)の例

変化の特徴から、生産技術者は適正な管理ツールを選択することになります。

　図のような簡単な例でも、経験の豊富な生産技術者や生産現場のリーダーが見れば、品質的に安定した工程なのか、問題があってコストもかかっている工程なのか、QC工程図（表）から読み取ってしまいます。

5-4 QA ネットワーク

5-4-1　QA ネットワークとは

　5-2で説明した工程FMEAと同時に使用するのがQAネットワークです。
　各工程で起こり得る故障モードから出発して、その対応・対策状況を完璧にしていくのが工程FMEAなのに対し、QAネットワークは（顧客に対して）製造で保証すべき項目から出発して、（全工程を見渡した上で）工程での保証レベルを完璧にしていく手法です。
　よく考えてみれば、問題発生の少ない工程を構築できても、肝心の製造でつくり込むべき品質や機能、特性が製品に付与されなければ、結局（顧客に対して）不良品をつくったのと同じことになるわけですから、本来の目的から出発するQAネットワークの手法も重要だとわかりますね。
　ところが、このQAネットワークは、工程FMEAやQC工程図（表）ほど世の中に一般化されていません。やがて当たり前になると思いますが、トヨタグループを中心に広がっている手法なので、第5章の最後で説明しています。
　では、QAネットワークの基本を説明します。
　冒頭に（顧客に対して）とか（全工程を見渡して）とかっこ付きで書きましたが、実は、これがQAネットワークの特長の一つです。少し難しい表現をさせてもらうと、サプライチェーン全体を保証対象にするのです。
　まず、QAネットワークを実施する準備として、**図表5-4-1（1）**に示す工程系統図を作成します。この図を見てわかるように、自社内の工程だけでなく、仕入先の工程、さらには納入先の工程も把握します。実際は、生産技術者が足を運んで、自分の目でしっかり確認します。
　生産技術者は、最終の顧客が求めるものが何なのか、それらが製造で

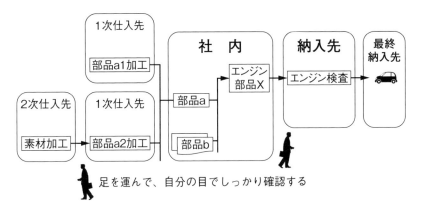

図表 5-4-1（1） 工程系統図の作成

どのようにつくり込まれるか知っていなければ、QA ネットワークは実施できません。

　最終の顧客が求めるものが何なのかは、図面や仕様書、契約書などで把握しますが、実際は、納入先との密なコミュニケーションと、日ごろの情報収集がとても重要です。納入先を見学させてもらうようにします。

　製造でのつくり込みについては、仕入先の工程の把握ならば比較的やりやすいと思います。しかし、足を運んで自分の目で見て、とあえて書いているように、詳細に見学して確認します。たとえば、仕入先でのつくり込みに余裕がなかった場合、指摘するだけでなく、自社の工程で（ストレスを与えるなどして）その余裕を食いつぶしてしまうことがないようにしなければなりません。

　そのことは、納入先でも起こります。最終顧客に届く前に、納入先の工程で（ストレスが加えられて）せっかくつくり込んだ品質が低下しないか確認することが重要なのです。

　次に準備するものとして、**図表 5-4-1（2）**に QA ネットワークシートの例を示します。

　シートの左側の機能特性の欄は最終顧客が求めるものです。次の製造保証項目が、それらをつくり込むときの目標値になります。たとえば、寸法精度や形状精度、強度、操作性から外観まで多岐にわたります。

　工程は、仕入先、社内、納入先をすべて書きます。納入先の工程は、

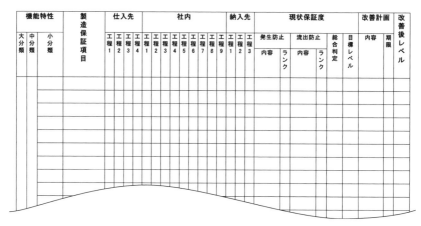

図表 5-4-1（2）　QA ネットワークシートの例

受入れ検査から出荷まで、自社でつくり込んだ品質に影響を与える工程をすべて書きます。

そして、工程ごとに現状保証度をランク評価します。

QA ネットワークも工程 FMEA と同様に、工程での保証レベルを確認するだけでなく、問題があれば改善していくためのツールです。最後に、改善計画と改善後のレベル記入欄があります。

図表 5-4-1（3）に、QA ネットワークの作成ステップの概要を示します。基本的なステップは四つ（図中左）ですが、ステップ❶と❷は、工程系統図の作成のところで説明しましたので、ここでは❸から簡単に説明します。

まず、製造保証項目をつくり込んでいる工程をピックアップします。1 工程とは限りません。複数の工程が関係している場合もあります。そのすべてが対象です。

問題の発生防止のランクを自社で定義して、評価（①から④の 4 段階）します。例をあげます。たとえば、自動化されていて工程能力も十分ある場合は①で、勘やコツに頼った不安定な工程なら④となります。

同時に流出防止のランクを自社で定義して、評価（〈1〉から〈4〉の 4 段階）します。たとえば、設備的に流出防止ができていれば〈1〉とし、作業者に頼っているが標準化もできていなければ〈4〉とします。なお、つ

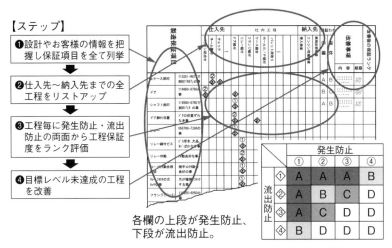

図表 5-4-1（3） QA ネットワーク作成ステップの概要

くり込みをおこなった後の工程で、つくり込みができていないことを発見できる場合があります。たとえば寸法が異常だと、その工程の治具にはまらないといった場合です。その場合は、その工程で流出防止のランク評価だけをします。

総合評価は、各工程に書き込まれた、発生防止ランク（上段）と流出防止ランク（下段）それぞれの最高値の組み合わせでおこないます。図の右下にあるマトリクス表がそれです。①と①ならレベル A です。①と④ならレベル B です。②と③ならレベル C です。④と④ならレベル D です。

ここでの A、B、C、D は、自社で定義しますが、目標とする保証のレベルのことで、たとえば、安全にかかわる製造保証項目なら A、製品の重要な機能や特性にかかわる製造保証項目なら B、図面や仕様書に記載されている項目なら C、一般的に期待されている項目なら D というように決めます。

総合評価が目標レベルと比較して未達の場合は、改善計画を記入し、改善後のレベルを記入して QA ネットワークは完了となります。改善のツールであることが理解できたと思います。

モノづくりがグローバル展開し、サプライチェーンが広がっていくほど、QA ネットワークの重要性は増していくと思います。

第 5 章　生産技術部門での変化点管理

5-4-2　変化点管理への応用

　1-4-2 で、変化点には要因系と結果系があると説明しました。QA ネットワークを作成しておくと、サプライチェーンにおける変化点が、要因系と結果系で層別して見える化できます。

　自工程における、二つの異常発見例で説明します。

　第一の例は、自工程で何らかの異常が発見され、自工程ではつくり込んでいない機能や特性の変化点だった場合です。つまり発生防止ではなく、流出防止機能が働いたということです。QA ネットワークを見れば、前工程のどこが本来のつくり込み工程かわかるはずです。すぐそこへ連絡し、あとから異常連絡書を送ることができます。自工程から見れば、前工程が要因系の変化点を起こしたわけです。

　もし自工程で発見した異常が初めてのものだったら、副産物が得られたかもしれません。つまり、自工程がその機能や特性の異常の流出防止になっていたのです。その場合は、QA ネットワークに流出防止ランクを追記してもらうように、生産技術部門に伝えることになります。

　第二の例は、自工程でつくり込んでいる機能や特性に異常が発見されましたが、発見する前に流出していた可能性があった場合です。QA ネットワークで調べて、後工程に流出防止の機能があることがわかったら、すぐその後工程へ連絡することができます。そこで異常を確実に止めてもらうためです。

　もし後工程のどこにも流出防止の機能がなかったら、後工程の生産をストップさせ、3-6 で説明した不適合ロットの特定にかかることになります。

　生産技術部門が QA ネットワークを作成している場合は、生産現場としてもそれをもらっておくべきですし、できれば生産技術部門の活動にコンカレント・エンジニアリングで参画してほしいと思います。

5-5 第 5 章の演習

第 5 章で学んだことの自己確認をしましょう。各設問の記述が正しければ○を、正しくなければ×を【 】の中に書き込んでください。

設問 1 一般に生産現場は、生産技術部門から工程能力調査結果とQC工程図（表）をもらって、作業要領書、管理図、チェックシートを作成する。【 】

設問 2 生産技術部門は、工程能力が確保されないかぎり、生産現場にQC工程図（表）を渡してはいけない。【 】

設問 3 生産技術部門は、工程能力の確保がむずかしいときは、手直しや全数検査といった方法で不良の流出を避ければよい。【 】

設問 4 生産技術部門の仕事には、設計部門とのコンカレント・エンジニアリングや、部品・材料の仕入れ先指導も含まれる。【 】

設問 5 工程FMEAでは、故障モードとその影響の大きさ、発生頻度から重要度を解析することを目的とする。【 】

設問 6 工程FMEAは、故障解析を通じて、事前に問題点を抽出して改善するツールである。QAネットワークとセットで実施するのがよい。【 】

設問 7 工程FMEAにおいて故障モードを考える場合、変化点に関しても5M1Eの視点で網羅的におこなうと膨大な仕事量になるので、考え過ぎない方がよい。【 】

設問 8 工程FMEAの結果は、意図した変化たとえば工程変更をおこなうときにも、事前検討の役に立つ。【 】

設問 9 QC工程図（表）には、加工条件をもれなく書く。【 】

設問 10 QC工程図（表）とは、長期的に良品をつくり続け、また

それを確認する方法が書かれている。【　】

設問 11　QC 工程図（表）には、生産現場で使う計測器、治具、マスター、副資材、ユーティリティ（エアー、電気など）、通い箱などについても、必要な管理の方法、担当責任者、記録方法を書く。【　】

設問 12　QC 工程図（表）には、理論的でない経験からの知見や、生産現場の五感に頼った管理方法などは絶対に記入してはいけない。【　】

設問 13　QA ネットワークはほとんどの会社が導入している品質管理の手法なので、必ず実施しなければならない。【　】

設問 14　QA ネットワークは、仕入先から納入先までサプライチェーン全体を通じて品質を確保する改善ツールである。【　】

設問 15　QA ネットワークでは、各工程での製造保証項目とその重要度を抽出したのち、その問題の発生防止と流出防止を評価し、目標レベルにする改善ツールである。【　】

設問 16　QA ネットワークを作成しておけば、変化点を発見したとき、要因を推定し、後工程への影響を推定できることがある。サプライチェーン全体で最適な対策工程を検討することもできる。【　】

第5章の演習の解答

　解答の×については、ヒントや解答例をつけておきますので、自分が間違っていると思ったことがその通りだったか、確認してみてください。もちろん、○を×だと思ってしまった設問については、該当箇所に戻って復習してください。

　設問1 ○、設問2 ×（工程能力不足でも、たとえば全数検査といった、品質を確保する方法を記述するのがQC工程図です）、設問3 ×（少なくともQCDすべてを確保する方法を選択すべきで、不良の流出だけを避けるのでは不十分です）、設問4 ○、設問5 ×（問題が抽出できたら次にどうしますか。対策と担当、日程を立案して改善することも目的だったはずです）、設問6 ○、設問7 ×（仕事量をこなす方法はマネジメントの問題で、分けて考えることにしましょう。やるべきことはやらねばなりません）、設問8 ○、設問9 ×（それだけでは不十分です。長期的に良品をつくり続け、それを確認する方法をもれなく書くことです。加工条件はそれらの一つに過ぎません）、設問10 ○、設問11 ○、設問12 ×（管理項目の中には数値化、定量化が困難なものもあります。コストや納期を含めて、生産技術者が最適な方法を選択して記入します）、設問13 ×（トヨタグループの会社の中で使われているすぐれた手法です。実施の検討をする価値はあります）、設問14 ○、設問15 ○、設問16 ○

第6章

職場でできる変化点管理の演習

色々な考え方や意見が出てきそうな演習問題と、実際の生産現場で起きそうな問題を扱ったケースを用意しました。ぜひ職場で議論して、変化点管理の理解を深めてください。

6-1 見落としがちな変化点の深掘り

　第3章3-1で、5M1Eの見落としがちな変化点と対策について説明しました。ここでは、同様に見落としがちな変化点について、職場で数人のグループで議論すると、意見が分かれるような問いかけを紹介します。参考までに、その際に出てきそうな意見の例を3つと、考え方のヒントも示しておきます。自分の意見をまとめ、他人の意見を聞くことで、変化点に対する「発見」「未然防止」「問題対策」「再発防止」の奥深さを実感できるでしょう。

　そして、どのような工程も5M1Eで構成されているため、問題の原因と対策も、5M1Eという多面的な視点で考えることができる、つまり多くの選択肢からより良い対策が見つかることに気づいてください。

6-1-1　MAN

Q1　第3章では、間違えやすいヒューマンエラーの原因を示しました。そして、事例をあげていくつかのより良い対策も紹介しました。

　ヒューマンエラーの原因として、よく間違えてしまうものを**図表6-1-1**に示します。しかし、そもそもどうして原因を間違えてしまうのでしょうか。

　作業者が作業の順番を間違えて不良をつくってしまったとします。とても単純な例です。その原因をつきとめる方法と、対策の考え方を議論してください。

意見1　ヒューマンエラーだから、作業者に何か特徴があるのじゃないか。

意見2　人の問題は人で解決すべきだ（すぐ機械に置き換えたら進歩がない）。

図表6-1-1　間違えやすいヒューマンエラーの5つの原因

意見3　発生したヒューマンエラーを防ぐようにルールを改訂すべきだ。

HINT　なぜなぜ分析や特性要因図（もちろん5M1Eの）を利用したらどうでしょう。

Q2　第3章では、気づきにくい作業者の変化点を、管理監督者が、朝礼や夕礼時に、メンバーを観察して発見し、問題があれば対応すると書きました。

　管理監督者の経験や勘、五感に頼るような方法でよいのでしょうか。

　二日酔いと睡眠不足を隠している作業者が朝礼にいました。管理監督者はどうやって見つけたらよいのでしょうか。見つけたら、どのような処置をしたらよいのでしょうか。議論してください。

意見1　そんな微妙な変化を観察だけで見抜けるわけがない。
意見2　そうなる以前に日ごろから躾が大事だ。
意見3　禁止事項と罰則のルールもつくっておく方がよい。
HINT　コミュニケーションは一人ひとりと。基本は双方向です。

Q3　チームワークが大切とか、差別があってはならないとかよくいわれますが、近年、生産現場は多様な人たちで構成されているのが普通です。そのような中には、何となく気が合わない人がいるものです。逆に、仲が良すぎて、緊張感がなくなる組み合わせもあるかもしれません。

そういった二人が初めてペアを組んで作業をしたら、いつもより不良率が高くなったとします。組み合わせが悪かったのかどうか判断する方法や対策を議論してください。

- 意見1　そもそも特別な二人でペアを組ませるべきではない。
- 意見2　仕事以外（スポーツや飲み会など）の交流の場で相性を見る。
- 意見3　作業だけに集中できるマニュアルやルールをつくればよい。
- HINT　不良に関する特性要因図が役に立ちます。でも、不良率以外に見落としていることはありませんか。出来高（生産性）や安全性、モラール（やる気）など。

6-1-2　MACHINE

Q1　設備の異常というと、故障という言葉がすぐ頭に浮かびます。故障には明故障（明確に故障していることがわかる故障）と暗故障（故障しているかどうかすぐには判断できない故障）があるのをご存じですか。明故障を検知する手段は、色々と考えやすいものです。しかし、暗故障はくせ者です。設備の経年劣化による微妙な精度低下やソフトのバグ、ユーティリティ（電気やエアなど）の変化による不安定動作などはどうしたらよいでしょう？

　設備の始業点検は問題なく、初品も良品だった。ところが、ある程度の数量を生産したら、不良率が上昇していることに気づいたとします。全自動でコンピュータ制御なので、設備に何か異常が起きているように見えます。どのように判断し、対策をどうするか議論してください。

- 意見1　工程能力調査をすればわかる。もっと早く調査すべきだった。
- 意見2　ソフトのバグ発見はむずかしいから対策はメーカーに任せる。
- 意見3　ユーティリティがあやしい。電源や圧力の安定化装置を組み込めば安心だ。
- HINT　設備はアラームを出しましたか。不良率の上昇が管理図からわかったのなら、何らかの異常です。不良に関する特性要因図をチェックしましょう。

図表 6-1-2　設備は故障していないが不良が多発

Q2　最先端の技術や社外秘の技術が導入されている設備の場合は、生産現場の人にとって、理論を理解するのはもちろん、目で見てもわからないことが多いものです。そのような設備の管理は、生産技術部門から指示されたことだけを守っていればよいのでしょうか。

　決められた作業で異常はまったくないが、作業者が「何となく設備がおかしい（音や振動、温度など）」と報告してきたとします。管理監督者として、どのように対応すべきか議論してください。

- 意見1　とりあえず生産技術や保全に連絡すればよい。
- 意見2　状況があいまいなので、良品がつくれているなら、しばらく様子を見る。
- 意見3　新発見かもしれないので、職場のQC活動テーマにする。
- **HINT**　気になることを報告してくれたことは評価すべきです。評価や感謝の気持ちが伝われば、もっとたくさんの情報を話してくれるかもしれません。

Q3　製品や部品を入れる通い箱や一緒に入れる製品タグ、製品を置く台や搬送装置（リフトやコンベア、シュートなど）、作業者が用いる治具や工具類は、設備のような感じがしませんが、製品や部品に直接接触するので、変化を起こす可能性があります。

改善活動に意欲的に取り組む生産現場では、作業者たちが身の回りの道具や治具、工具を自分たちでつくろうとします。管理監督者として、彼らの改善意欲を低下させることなく、品質にも注意を払わせるにはどうしたらよいでしょうか。議論してください。

意見1　問題を起こしてからでは遅い。どのような改善でも、生産技術部門に提案してつくってもらうべきだ。

意見2　製品品質に影響がないか、勉強する絶好の機会だと説明して、自分たちでつくった道具類を使う前に、専門家を入れて検討会をするとよい。

意見3　めくじらたてず、提案は自由にさせ、自分たちでつくりたいならどんどんつくってもらう。不良の流出さえ気をつければよい。失敗もよい経験になる。

HINT　改善前の状態（作業方法や使っている道具、治具とその管理方法）をどれだけ理解できているでしょうか。

6-1-3　MATERIAL

Q1　たとえば3定をきちんと守っている職場では、長期間にわたって部品や材料置き場での異常が発生していないでしょう。そのような場合、本当に軽微な異常に気づいたら、すぐ異常だと報告できるでしょうか。

　同じ種類の部品が品番ごとにいくつも並べて置かれているとします。よく見たら、並べる順番が一か所で違っていました。左と右を入れ替えるだけで、品番も個数も3定のルール通りになります。これを発見した作業者になったつもりで、どうしたらよいか議論してください。

意見1　これまでなかったことだから、小さな異常でもリーダーに報告し、全員で議論するように提案する。

意見2　あまりにも単純なミスなので、真因を追求し、根本対策まで考えるのは時間のムダだから、だまって左右を入れ替えておく。

意見3　犯人探しはいやだ。このままにしておけば、誰かが問題にするだろう。

HINT　ヒューマンエラーのようです。間違えやすさがなかったか、もっと間違いにくい方法はないか、検討する機会でしょう。罪を憎んで人を憎まずのたとえもあります。

Q2　重量物の扱い方には、職場安全の面から、それぞれの会社で厳しいルールが徹底されているのが普通です。筆者も経験がありますが、生産現場でないオフィス内で重い荷物を持ち上げる場合、いかにも現場の作業者のように、腰をしっかりおろして足の力で持ち上げるようにするべきですが、知っていても何となく照れくさくてできませんでした。

　健康で体力に自信のある作業者が、誰にも見られることはないので、生産性のためだと考えて、段ボール箱を1つずつではなく2つずつ重ねて持って運んでいたとします。そこにどんな問題がひそんでいるか、議論してください。

意見1　ルールは弱者のことを考えてつくられているので、それは問題ない。

意見2　台車を用意すれば、もっとたくさん運べる。工夫が足りない。

意見3　安全は大事だが、その箱は何段まで積んでもよいのだろうか。

HINT　組付けや加工とは違いますが、生産に必要な作業ですから、作業要領書や作業マニュアルがあるはずです。

図表6-1-3（1）　積み重ねた段ボール箱

第6章　職場でできる変化点管理の演習

Q3 生産現場では、予想もしなかったことが、とつぜん起きて、どう対応したらよいか一瞬迷ってしまうことがあります。

大量に使用している購入部品に、ときどき微妙な不良品（よくいうグレー品）が混入していて困っていたとします。なかなか対策がされないでいるうちに、ある日、とつぜん、その仕入先の担当者が生産現場に案内されてやってきました。どういう問題が起きているのか知りたい、できれば全数選別して帰るといいます。

生産現場の管理監督者になったつもりで、どう対応すべきか、議論してください。

意見1 予告もなかったのはルール無視だ。とにかく、手続きを踏んで出直させる。

意見2 いちおう文句はいうが、早く対策してほしいので、発生している問題をしっかり伝える。

意見3 生産現場に部外者が入れば、どんな品質問題を起こすかわからない。案内者と一緒にすぐ追い返す。

HINT この際、落ち着いてよく話を聞き、問題解決の道を探るのも手です。とつぜんの来訪者は、問題解決を他人任せにしていたのが原因かもしれません。

図表6-1-3（2）　とつぜん現れた部外者

6-1-4　METHOD

Q1　モデルラインといった名称で呼ばれて、社内外に公開される生産現場がよくあります。社内目標をハイレベルで達成した模範職場だったり、社外から表彰された技術を使った設備があったりする現場です。

　筆者も経験がありますが、他人に見てもらうときは、事前に5Sを徹底し、使用される部品や材料も厳選し（設備停止や不良発生を防ぐためです）、無理してでも最高の加工条件でつくっていました。こういうことを現場がしていると知ったらあなたはどう思いますか。議論してください。

意見1　イベントが成功したときの達成感がたまらないからしかたない。
意見2　そういう現場に限って、根の深い問題を抱えているものだ。
意見3　非定常作業のかたまりみたいな方法でつくったものは、出荷できないだろう。
HINT　QC工程表が判断基準の一つです。出荷を含めて責任者の判断が必要です。

Q2　Q、C、Dなどの多くの目標を生産現場は掲げて日々仕事をしています。中にはQとCのように両立がむずかしく、一方を良くしようとすると他方が悪くなりかねないものがあります。

　生産性向上（たとえば出来高工数の低減）に取り組んできたが、年度末にあと一歩で達成の見込みがなかったので、技術や工夫をともなわない作業スピードのアップでとりあえず乗り切ったとします。こんなやり

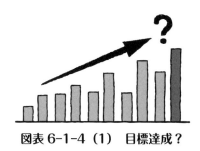

図表6-1-4（1）　目標達成？

第6章　職場でできる変化点管理の演習

方をしてよいのでしょうか。議論してください。

意見1 無理な作業スピードを続けると何が起こるかわからない。次年度は、元のスピードに戻して、できるだけ早く、改善案を出すことだ。

意見2 スピードアップもやがて慣れるから、そのままでよい。

意見3 何でも○（合格）にするという考え方が間違っている。

HINT 作業スピードのアップの他に、生産性向上の手段としてどのようなものが考えられますか。

Q3 総生産数からいえば大量生産でも、実際には多品種や多品番の製品を生産している現場が多いです。そして、それらの製品の中には、たまにしか生産せず、しかも一度の生産数量が少ないということがあります。

初めてではありませんが、専用のマニュアルを見ながらでないとつくれない製品をつくることになったとします。しかも少量で納期も短いのです。どういうことに注意したらよいか、議論してください。

意見1 一種の特別扱いだ。こういう場合は、問題は少ないものだ。特に注意する必要はない。

意見2 コストアップになるのは間違いない。それでもつくる理由がわからない。

意見3 全自動の機械ではつくれないのが普通だ。それを半自動機や人が手作業でやって同じ品質といえるだろうか。

HINT QC工程表にはどのように書かれていますか。

図表6-1-4（2） ロボットか作業者か？

6-1-5 MEASUREMENT

Q1 加工機と違って、計測装置は大量生産を意識してつくられていないことが多いものです。たとえば、連続使用や長期間使用すると、精度が低下したり、故障が頻発するようになったりすることがあります。

点検や部品の定期交換、定期的な精度確認など、面倒な維持管理を必要とする計測装置を使っていたとします。コストダウンのため、管理をゆるめることになりました。どのような手順で管理をゆるめたらよいか、議論してください。

意見1 いつでも交換できる、予備の計測装置を用意しておけば、安心してゆるい管理状態で、現状の計測器を使用し続けることができる。

意見2 もっと耐久性のある計測装置を探して交換すればよい。

意見3 管理をゆるめても問題ないことを、どうやって判断できるのか。

HINT QC工程表に書かれた計測器の管理方法を決めたのは、生産技術部門です。よい機会です。詳しく説明してもらいましょう。

Q2 機差という言葉があります。同じ製品を測定しても、計測装置によって値が違うことがありますが、設備の個性によるものだとすれば、それを機差と呼んで、測定値を正しい値に換算したり補正したりして使用します。

不良率がやや高くなったとします。計測装置の数値を見ると、上側に

図表6-1-5（1） 耐久性に問題のある計測装置

偏っているようなので、換算して下側に補正したら不良率は下がりました。こういった計測装置の使い方は正しいのでしょうか。議論してください。

- 意見1　不良率管理でなく数値管理にしていればすぐ異常に気づいたはず。
- 意見2　p管理図を導入すれば、これからは異常が判断できる。
- 意見3　計測装置が疑わしい。再検定をするべきだ。
- **HINT**　不良判定された不良品そのものをよく調査・分析するのが基本。

Q3　社内で研究開発された計測技術が使われていたり、海外から購入した特殊な計測装置が使われていたりすると、未経験の状況（マニュアルにない異常な挙動や、逆に異常が見つけられない状態）が生じたときなど、専門家が近くにいないため、すぐ対応できないということが起きます。

　いつもと不良の出方が変わったとします（不良率が変化したとか、連続発生したとか）。他の計測方法はありません。念のためマスターワークを測定すると値は正しいので、実際の製品の変化・変動だと判断し、そのまま生産を続けました。この判断が正しいのかどうか、議論してください。

- 意見1　計測装置の異常を確認する方法がもっとあるのではないか。
- 意見2　生産は継続しても、出荷は保留にしておき、なるべく早く計測の専門家の判断をあおぐことだ。
- 意見3　生産には実績のある計測技術や計測装置を使うべきだ。
- **HINT**　不良の出方の変化点を発見したのであり、計測装置の変化点と一対一に対応するとは限らない。

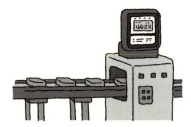

図表6-1-5（2）　特殊な計測装置

6-1-6　ENVIRONMENT

Q1　日本酒のつくり方は、毎年の原材料（米やこうじ）の出来や気候の変化は当然あるものとして、最終的に同一の品質（味わいや香り）にするのが、酒杜氏の腕の見せどころだそうです。変化点管理とはまるで逆ですね。

さて、代表的な環境の変化といったら、まず気候があります。近年は、地球温暖化の影響で、史上初の高気温が珍しくありません。

猛暑日の連続日数が史上初になっています。一般的に生産現場で起こる異常にはどのようなものがあるか、議論してください。

意見1　人は出社するまでに猛暑の影響を受けているから、人が何か異常なことをしてしまうのではないか。

意見2　製品としても、使用環境が過酷になっているはずだ。もしかすると、部品・材料段階で、保管している間に、既に劣化しているかもしれない。

意見3　空調していない工場では、設備や治具、工具がきわめて高い温度になっているのではないか。

HINT　想定外だった場合は、関係者が集まって徹底的に議論すべきでしょう。

図表6-1-6（1）　酒蔵の杜氏

Q2 CO_2 低減や省エネのために、生産現場の照明は蛍光灯からLEDに変更され、さらに個数も必要最小限にされます。また、空調や加熱・冷却は、全体から必要な局所へと縮小されます。電力も太陽光や風力、水力、バイオマスによる自家発電がミックスされたりします。また、生産設備について、カレンダータイマーを使った暖機運転の短時間化や、休憩時の空運転（成型機は捨て打ちをさせたりする）の廃止などが求められています。

地球環境保全を目的として、生産現場に変化を起こすこういった活動について、管理監督者はどう感じているでしょう。議論してください。

意見1 設備の不安定化が品質に及ぼす影響が心配だ。

意見2 生産スピードをアップするなど、生産性向上でも同じ効果が得られる。品質を犠牲にしない方法を選んでほしい。

意見3 地球環境保全より、不良率低減、稼働率向上、材料歩留まりアップが先じゃないか。

HINT 手段を目的にしてはいけないとよくいわれます。目的を決めたら、手段は最適な方法を選択するのが理想です。

図表6-1-6（2） どの仕事が優先だろうか？

Q3 　海外生産の準備の一環で、国内ラインを用いて、海外オペレータの訓練をおこなうことがあります。モノづくりに対する会社の基本的なルールや考え方を教えるのは日本でよいと思いますが、実際の生産は環境の違いが大きくて十分な訓練にはならないでしょう。
　海外オペレータ候補が生産現場に配属されたとします。1年間でひと通りのスキルを身につけさせるように、管理監督者は指示しました。海外オペレータ候補が入ることで、品質の面ではどのような心配があるか、対策も含めて議論してください。

意見1　言語、コミュニケーションの問題を克服するのが先だと思う。
意見2　外国人は、常識の違いから思わぬ変化の要因になりそうだ。休憩時間になったら途中でも作業をやめる人がいるという。対策はどうしよう。
意見3　現場は多様化しているから、外国人の受け入れもその範囲内だ。特別な対策など必要ない。
HINT　心配が多いほど、日本で訓練する意義があるということでしょう。

6-2 現実的なケーススタディ

　ここまで変化点管理について、基本的な考え方から、個々のツールやしくみまで多くのことを学んできましたが、実際の問題はもっと複雑で、知識や経験だけでは対応できないことが多いものです。
　6-1よりもリアルなケースを用意しました。グループで議論してください。最後に各ケースを考えるためのヒントも付け加えておきました。
　なお、以下のケースでは必要最小限の情報で書かれているわけではなく、考える人を混乱させるため（現実社会もそうですよね）、あえて無駄な情報が入っています。

6-2-1　ケース1（自分の技術・経験をこえている場合）

　文系の私大を卒業したAさんは、事務職には向いていないと思い、最初から生産現場を希望して入社してきたやる気満々の29歳の女性です。まだ結婚はしていません。将来の管理監督者として期待されるAさんは、会社の重要製品を生産するラインのリーダーに抜擢されて職場が変わり、初めて社外セミナーも受講し「変化点管理」を学んできました。
　担当して早々、Aさんは、現場でまれに不良流出が起きていることがわかりました。後工程のリーダーが不良品を持ち込んできたのです。見れば、Aさんのラインの設備でつくった不良であることは間違いありません。そのリーダーは、35歳の独身の男性で、社外への流出は絶対にしないからと笑顔で帰りました。
　次にAさんは、不良をつくった設備の専任オペレータのWさんに話を聞きました。Wさんは、工業高校でメカトロを学んだ31歳で、もうすぐ第一子が誕生するという、現場では最も仕事ができると評判の人です。
　WさんによるとWさんによると、その設備は全自動で、たとえ部品や材料の変化が

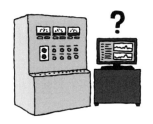

あっても検知し、調整しながら加工できるという、最先端のソフトとハードで構成されています。だから、まれな不良流出は異常であり、ソフトのバグが原因だそうです。具体的な説明を聞いても、その設備で使われている技術がAさんにはわかりません。ただし、現場のユーティリティでは異常がなかったことは確認しました。

　Aさんは、前工程に聞き込みに行きました。すると、流出した不良が含まれる生産時期に、異常は何も起きていませんでした。

　Aさんは、再びWさんと話をしました。調査と対策の相談です。するとWさんは、異常が起きたらその状況を説明して、設備メーカーに直してもらうことになっている、どうしても正確な調査をしたいなら、設備内に監視カメラを置いて連続録画するしかないが準備が大変だといいました。

　しばらくしてAさんは、現場で変なうわさを聞きました。WさんはAさんがリーダーでやって来る前、リーダー候補だったそうです。だから、WさんはAさんを良く思っていないというのです。

　調査と対策にWさんの協力が必要だと思うAさんは、Wさんの提案の監視カメラを設備に設置しようと、生産技術担当に相談しました。すると、予想もしなかったことをいわれました。不良発生の真の原因は、仕入先での部品や材料の変化で、前工程では問題ないが、あの設備では調整範囲をこえている、流出があったとすれば、それは設備の検査機能の不具合だというのです。

　驚いているところへ、後工程のリーダーが怒った顔で飛んできました。Aさんのラインでつくった製品が不良ばかりだというのです。

Aさんの行動にはどこに問題があったのでしょうか。

6-2-2　ケース2（伝承のむずかしさ）

　生産現場の管理監督者だったBさんは、55歳になったばかりです。あとは定年の60歳か延長しても65歳まで、長年働いた同じ職場で勤め上げるつもりでした。ところが、経験を買われて、まさかの子会社への出向が急に決まりました。

　後任のSさんは35歳で、新入社員時代から知っています。しかし、多忙な職場で能力の高いBさんは大車輪で働いていたので、特に後継者として育成してはいませんでした。工場内はもとより、仕入先や設計部署のことまでよく知っているのがBさんの強みでしたので、何とかSさんへ伝承したいところです。

　一方、Sさんは管理監督者になったら、急に管理者としての特徴が際立ってきました。時代の変化に対応するため、会社は原材料の高騰や人手不足対策、カーボンニュートラルの取り組み、はたまたジェンダー対応まで次々に施策を打ち出し、Sさんは現場より会議室へ行っていることが多くなりました。

　Bさんの仕事には、大型の装置を使った加熱処理があり、かつては3K職場の一つとよくいわれたものです。昔より作業時間は短縮化されていますが、それでも装置の近くへ行き、出てくる製品を扱えば、暑くて汗をかきます。

　これまで品質だけは安定していたのですが、加熱処理後の製品の中に不良が混在するようになりました。不良は色を見ればわかります。最近のBさんは、製品の選別作業をやらされています。生産技術や保全の担当者は、装置が老朽化してきたので、炉内の温度環境が変わったのではないかと考え、年末年始の休日に、総点検と部品交換、徹底清掃を計画したようです。

　Bさんは、年が明けると子会社へ出向するので、それまでにSさんに色々なノウハウを伝承しようと思いました。ところが、勤務時間外にやりたいとSさんへ提案したら、Sさんからは、共働きで家事や育児を分担してやっているので時間的余裕がないといわれました。そうこう

している間に、Bさんの家庭でも、長男がひきこもり状態になるという問題が起きました。子どもたちのことはすべて妻に任せきりだったBさんは、定時退社するようになりました。

　そのようなとき、出荷に間に合わせるため、久しぶりに残業したBさんは、仕入先の人が、加熱前の製品を職場の近くまで運び込んでいるのを目撃しました。以前と違う場所なのでどうしてかと尋ねると、加熱装置までの運搬距離を短くするためで、それでも納入品の価格は上げてくれないとぼやいていました。

　新しい置き場所をじっと見ていて、Bさんは気づきました。そこは近くに窓があり、昼間は日が当たります。猛暑日などは特に製品の温度が上がりそうです。もしかすると、加熱処理の前の製品温度が以前より高くなっていて、加熱し過ぎで不良が発生しているのではないかと思ったのです。

　BさんはこのことをSさんのところへ伝えようと行きましたが、既に退社したあとでした。

　Bさんは、次はどうすればよいのでしょうか。

6-2-3 ケース3（職場風土と不正問題）

　Cさんは42歳の男の厄年を迎え、悪いことが起きないようにと初詣のとき祈りました。家庭内ではありません、出荷検査を担当している職場です。

　近年、品質保証の不正が発覚して、大問題になった会社の報道がよくありました。実は、Cさんの職場でも同じことが起きていたのです。数年前に設計部署から異動してきたYさんは、高専卒の同期でした。Yさんは不運な病気で長期間出社できなかった時期があり、もう会社での将来はないと諦めていました。そのYさんが、仲のよいCさんにだけ不正を打ち明けていました。

　出荷検査の職場でも、生産性が管理されるようになりました。やり方は抜き取り検査で、判定はロット単位でした。仕事の効率を上げたあとでNGを出すと、検査のやり方が悪いからだと前工程から批判されました。それでYさんは、NGのときは、ルール違反ですが、OKが出るまでデータを取り直し、それでも時間がなくなったら、適当な数値に書き換えてOKにしているというのです。

　Cさんは市場で問題が起きるから心配だといいました。ところがYさんは、その製品の設計をしていたことがあるので、規格的に余裕があるし、たとえ問題が起きてもPPMオーダーだと自信をもって答えました。なので、Yさんを信用することにしました。

一方、出荷検査の上司は、大卒の50歳で、以前は設計部署の係長で、10年前に異動してきました。職場に初めてやってきて自己紹介をしたとき、自分はわなにはめられて左遷されたと平気でいう人でした。また、やたら短気ですぐ怒るしどなるし、いわゆるパワハラ上司でした。ただし、上からの指示には簡単にしたがう人でもありました。そんなわけで、職場内は雰囲気が悪く、何でもいえる風土とは遠いものでした。

　あるとき、製品に変更はないのに、出荷検査の規格だけが厳しくなるということが起きました。上司の説明は要領を得なくて、理由がわかりませんでした。職場内では、市場で問題が出始めているので、とりあえず出荷検査だけ厳しくしたのではないかといううわさが広まりました。Ｙさんの不正を知っているＣさんは不安になりましたが、Ｙさんは平気な顔をしています。規格が厳しくなった分、NGが多く出るようになり、とうとうＣさんも、悪いことだと思いながらも、ときどき不正をするようになりました。

　その後、上司から、人手不足の他部署を助けるために、職場の人員を減らすという一方的な通告がありました。そのときは、みなだまっていましたが、上司がいなくなると、口々に不平不満をいい出しました。とうとう全員が、Ｙさんと同じ不正をやっていることまで白状しました。さらに、不正をしているのはあの上司のせいだということで全員一致して笑い出したので、Ｃさんは驚きました。

　海外で品質問題が多発していました。ライバルメーカーと品質を競ってスペックを上げている間に、顧客の品質に対する感度も上がっていました。しかし、実際の製品品質は、スペックほど上がらないどころか、逆に下がっていました。製品を変更せずに規格だけ厳しくしていて、しかも不正が平気でおこなわれていたのですから当然です。

　マスコミに発覚する前に、社内調査チームが、出荷検査の現場を調べに来ることになりました。一人ずつ呼び出されても、絶対に不正を白状しない約束をしようとＣさんもいわれました。

　あなたがＣさんならなんと返事しますか。

6-2-4　ケースを考えるヒント

〈ケース1について〉
　自分の知識、技術、経験をこえているケースです。なぜなぜ分析のやり方や5M1Eの視点を知っていても深くわかりません。5ゲン主義でいえば、原理・原則がわからないのと似ています。やる気や熱意にも限界があります。QAネットワーク的な見方は生産技術者でないとできません。
　Aさんは、直接の原因を把握できる立場の生産技術担当者に、まずは相談すべきだったのではないでしょうか。

〈ケース2について〉
　知識、技術、経験で変化に気づける可能性があっても、それができる人が現場にいなければ無理です。できる人のノウハウやコツは常に生産現場に形で残すことと、特に考え方やマインドは後輩へ伝承していかねばなりません。また、時代とともに、そういったやり方も変化させる必要があります。
　Bさんは口頭でSさんへ伝承しようと考えていますが、形にしておくこと（書面や写真、音声付き録画、さらに現物、サンプルなど）も必要ではないでしょうか。

〈ケース3について〉
　変化に対応するために、職場風土の影響は大きいです。人間の問題はどのような時代でも起きます。そして、対応がむずかしいものです。どろくさい話ですが、言葉が操れるのは人間だけです。その最大のコミュニケーション能力を使って、さまざまな人的交流、情報の共有や交換が必要です。
　職場全員が初めて腹を割って話せる機会が訪れています。Cさんは、先頭に立って議論をリードし、全員の総意として不正を明かし、考えられる原因と対策も示すべきではないでしょうか。

付録

生産現場に知ってもらいたい変更管理

本書では、生産現場に必要な変化点管理に焦点を当てて説明してきました。しかし、仕事のプロセスでは上流で使われることの多い変更管理の中にも、特に生産現場の人たちに知ってもらいたいことがいくつかあります。それらは、変化点管理をより深く理解することに役に立つと思います。また、変更管理ではありませんが、変化点管理と似たところが多いリスク管理についても、ポイントだけ解説しておきます。

付録1 初期流動管理における変更管理

　新しい製品を生産する場合、初期流動管理がおこなわれます。ここでは自動車業界で使われる例で紹介しますが、初期段階から品質をつくり込むためにおこなわれる活動で、源流管理である点が強調されます。

　図表付録1に示すように、製品構想に基づいて初期流動管理指定がなされ、品質のつくり込みをしながら、製品設計、試作、生産準備を経て、流動後の市場品質確認を終えたあとの初期流動管理解除まで続きます。

　企業活動のグローバル展開がさかんになって、まったく新しい製品ではない初期流動管理が増えました。

　たとえば、国内で使用されていた製品が、輸出されて海外で使用される場合です。気候・風土やユーザーの扱い方の違いがわかっていれば、それなりに製品に変更を加えます。意図した変化に対応するわけです。しかし、初めての海外であれば、想定外のこともあり得ます。意図しない変化ですから、これは生産現場における意図しない変化点と似ています。

　さらに、輸出ではなく現地生産する場合はどうでしょう。5M1Eすべてを国内と同等にすることは困難です。現地調達を要求するローカルコンテント規制のために、サプライチェーンも大きく変化することになります。現地の生産現場は、意図した変化への対応が増えるのはもちろん、意図しない変化（変化点）も増えて、流動後も長く混乱する可能性があります。

　このような場合、製品構造に大きな変化がなくても、初期流動管理指定のレベルを高くして、初期流動管理がおこなわれます（レベルはそれぞれの企業で定義しますが、たとえば品質保証会議の審査責任者を、品質保証部長から事業部長、品質統括役員といった風に上げていきます）。

　図表付録1で説明すると、通常なら流動後にあらわれる意図しない

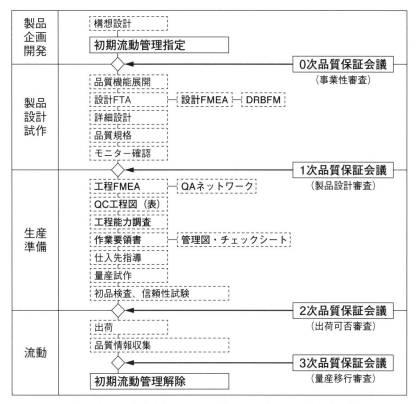

図表付録1　初期流動管理における品質保証の体系の例

変化が、製品設計試作段階から生産準備段階の途中でも見つかります。もしそれらに気がつかなければ、問題はあとで発覚し、仕事は前のプロセスにもどる、俗にいう手戻りが発生します。

　生産現場は、通常なら図表付録1の中の「作業要領書」や「管理図・チェックシート」の作成などが主な仕事ですが、その前後にもしっかり注意を向けることが重要ですし、意図しない変化の発見や対応にすぐれた能力を発揮しなければなりません。総智、総力、協働が合言葉の、コンカレント・エンジニアリングが必要なのです。

　次の付録2で、図表付録1の製品設計段階にあるDRBFMについて説明します。

付録2　設計部門が使う変更管理ツール DRBFM

　5-2 で説明した工程 FMEA と同様に、製品の機能に関する故障とその影響を解析し事前に対策を打つやり方として設計 FMEA があります。使用する帳票も図表 5-2-1 と基本的には同じです。

　付録 1 で説明したように、グローバル展開によって、製品は新規設計ばかりではなく、海外の顧客や海外でのつくり方に対応するように変更を加えた、流用設計が多くなってきました。しかし、この流用設計には、想定外の変化という落とし穴がひそんでいることがだんだんわかってきましたから、特に変更点に着目した設計 FMEA 的な DR が登場してきました。DRBFM（Design Review Based on Failure Mode）といいます。

　これはトヨタ自動車によって確立された体系的な新しい DR の手法です。設計による意図的な変更点に着目するのが特徴で、設計変更による影響を徹底的に議論しつくしてから設計審査を実施するという GD3（Good Design, Good Discussion, Good Design Review）の考え方に基づいています。

　図表付録 2-1 に、帳票のイメージを示しますが、抽出する故障モードにしても、その故障の原因にしても、「もっと他にないか」という項目を追加してダメを押すやり方です。想定外のことを徹底して減らそうというのです。このダメを押すためには、設計基準書や過去トラ集、**図表付録 2-2** のような変更点一覧表、チェックシートなどの情報を利用しますし、できるだけ多くの関係者の知恵を集めます。そうなりますと、意図しない変化に敏感な生産現場の参画は、大きな力になります。

変更点とその説明	機能	故障モード		故障の原因		お客様への影響	影響度	どんな設計をしたか	推奨する対応方法	担当	対応結果
		機能の喪失	他に心配はないか	機能喪失の原因	他に原因はないか						

図表付録 2-1　DRBFM の帳票のイメージ

寺倉修著『「設計力」を支えるデザインレビューの実際』
（日刊工業新聞社）の図を元に筆者作成

部品名	項目	旧	新	説明
ハウジング	形状	1 種類	多種類	小型化、軽量化のため、欧州向けが追加。図面参照のこと。
	材質	ステンレス	アルミ	
	板厚	○○ mm	△△ mm	
	加工法	切削	鋳造	

品名	□□コントローラー										
対象	構造	部品	形状	材質	表面処理	接合方法	加工方法	取付	回路	ソフト	インターフェース	コスト
変更点	○							○	○	○		
備考												

図表付録 2-2　変更点一覧表（上）とチェックシート（下）のイメージ

付録　生産現場に知ってもらいたい変更管理

付録3 ISO9001に見る変更管理について

ISO9001の認証を取得している会社は多いでしょう。グローバルにビジネスを展開（しようと）している企業は、この国際規格の認証を受けることが必要になってきました。

図表付録3に、ISO9001でいうところの、プロセスに基づく品質マネジメントシステムのモデルを示します。品質マネジメントシステムとは、PDCAサイクルのような業務プロセス、つまり経営者の責任から始まって、資源の運用管理、製品実現（顧客の要求を製品やサービスに変えて顧客の満足を得る）、（顧客の満足度の）測定・分析及び改善を何度も回すことで、品質マネジメントシステムそのものも継続的に改善されることを特徴としています。

ISO9001の審査とは、いい換えれば、会社の品質マネジメントシステムが顧客の要求事項を満足するようにできているかを判定するものです。ところが、この顧客の要求事項というのはなかなかくせもので、ビ

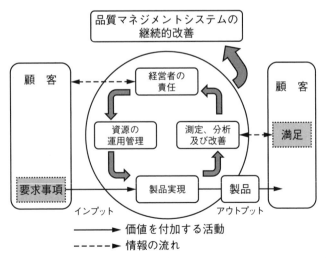

図表付録3　プロセスに基づく品質マネジメントシステムのモデル

ジネスを展開する地域の拡大や時間（年月）の経過によって、色々に変化する可能性がありますから、業務プロセスを通じて品質マネジメントシステムが継続的に改善できるかどうかも、ISO9001の審査ではチェックされるのです。

JIS Q 9001は、ISO9001に基づいて制定されたものです。

同じく、JIS Q 9000は、ISO9000が規定している品質マネジメントシステムの基本や用語について規定しています。筆者流のいい方が許されるなら、JISは英語のISOを和訳したものです（もちろん直訳ではありませんが）。英文和訳では、必ずしも日本の用語がそのまま当てはまらないことがあります。そういうときは、適当な用語を用いるわけです。大事なことは日本語のJIS Q 9000を通じて、英語で書かれたISO9000の理念や考え方を理解することです。

一方、ISO9001の認証をこれから取得しようとしている企業では、それぞれ固有の表現（場合によっては社内用語）を用いて、（初期流動管理のような）品質マネジメントシステムを構築していることが多いものです。そのような場合、JIS Q 9000をよく読んで、品質マネジメントシステムの基本的な考え方や用語の定義を確認することをお勧めします。そうすることで、自社の品質マネジメントシステムに不足していることが発見できるからです。

筆者が面白いと思った例をいくつか紹介しましょう。

本書では、変化点に気づくための要因の分類として、通常の4Mに加えて計測と環境を強調しました。JIS Q 9000の中で、作業環境とは作業が行われる場の条件の集まりであると定義していて、その条件の具体的な例として「温度、照明、表彰制度、業務上のストレス、人間工学的側面、大気成分」があげられています。表彰制度や業務上のストレスなど、本書以上に環境を広くとらえていると思いました。

細かなことですが、組織のリーダーの取り得る行動として「人々の貢献、学習及び向上を認め、褒める」といったことまで書いてあります。

JIS Q 9001の中には、気になる「変更の管理」という項目があります。「要求事項への継続的な適合を確実にするために、レビューし、管理し

なければならない」とあり、続けて「組織は、変更を正式に許可した人と、レビューから生じた必要な処置を、文書化した情報を保持しなければならない」とあります。文書化や記録化はあちこちに出てきます。

　ISO9001の認証を受けようとすると、生産現場も色々な影響を受けることになります。社内用語があらためられたり、新しい用語が使われるようになったり、文書化や記録化が増えたりするでしょう。会社としては意図した変化かもしれませんが、生産現場にとっては意図しない変化のように見えるかもしれません。

　しかしISO9001は、あらゆる製品やサービスを生み出すための、品質マネジメントシステムが備えるべき汎用的な要件を規定していますので、生産現場の人たちも、一度勉強してみる価値があると思います。

付録4 リスク管理とは

　品質にかかわる変更管理とは異なりますが、さまざまなリスクをあらかじめ想定して対応方法を準備しておくリスク管理があります。

　リスク管理と変更管理には共通点が多いですが、決定的に異なっているのは、変更管理が対応のスタートのスケジュールがはっきりしているのに対し、リスク管理は対応のスタートが突発的ではっきりしていないことです。そういう意味では、リスク管理は、むしろ変化点管理と似ているところがあるといえるでしょう。

　いずれにせよ、リスク管理とはどういったものか、その概要を知っておくことは変化点管理をより広く深く考える上で役に立ちます。

　最初に、よく似たことばで危機管理がありますので、両者の違いを知ることから入ると、理解しやすいと思います。

　一般的には、リスク管理は「予防」、危機管理はリスク管理の中に含まれますが、「対処（対応より切迫感があってふさわしい表現だと思います）」に重点が置かれています。そして、ビジネスの世界でよく出てくる BCP（Business Continuity Plan、事業継続計画）や CP（Contingency Plan、緊急時対応計画）は、この危機管理の中で語られることが多いです。

　図表付録4に、これらのことばの意味と関係を示しました。

　リスク管理と危機管理の説明文を読んで、意味とは別に何となく気がつくことがありませんか。PDCA や QC ストーリーです。仕事の品質を高めようとすると、仕事の手順・プロセスに PDCA や QC ストーリーの考え方がごく自然に含まれてきます。リスク管理や危機管理もそうやってつくられた完成品だということがわかる表現ですね。

　それでは、身近な BCP と CP をもう少し説明しておきましょう。どちらも P（計画）ですから、危機管理の一部だということは注意してください。

> リスク管理：個人や組織において、事前にリスクの状態を評価し、最善の対策を講ずるとともに、事後に適切な処置をとるための一連の活動（危機管理なども含まれる）。企業であれば、様々なリスクを予測し、自社への影響度を評価し、適切にコントロールすることで、リスクが発生した場合の損失を最小限にするための活動。
>
> 危機管理：事前に想定されるもしくは想定されていない危機（戦争や大規模災害など）に対し、防止や回避をする、発生した際には、迅速かつ適切な対処、解決ができるようにするための手法。ビジネスの世界では、BCP や CP がよく使われる。

図表付録4　リスク管理の概要

　BCP に関しては、内閣府防災担当が作成した「事業継続計画ガイドライン（令和5年3月改訂）」というのがあります。それによると、BCP とは「危機的事象発生後に、重要業務の目標復旧時間、目標復旧レベルを実現するために実施する戦略・対策、あるいはその選択肢、対応体制、対応手順等を含む。ただし、目的を忘れず、可能な限り柔軟さも持ち、策定した内容に固執せず臨機応変に判断すること」となっています。

　一般に BCP は、復旧つまりビジネスでいえば「操業を早く元の状態に戻すこと」に重点を置いているのが特徴です。

　ついでに、災害時の回復力という意味で、近年はレジリエンス（resilience）ということばがよく使われます。

　一方、CP は、発生直後に被害を最小限に抑えるための緊急対応・初動計画という意味合いが強く、事業を継続することよりも、特に社員や顧客に視点を置いているという特徴があります。

[おわりに]　先輩・同僚へ感謝

　筆者の会社生活は、生産システム開発者・生産技術者として夢中で過ごした34年間でした。そして、勤務先の仕事の特徴は、モノづくりのすべてがコンカレント・エンジニアリングでしたので、あらゆる場面のスケールはとても大きなものでした。

　まだ経験の浅いころ、事業部企画に呼ばれて会議室に行くと、製品設計から品質保証、サービス、生産まで、色々な部署の人たちが集まっていました。今から新製品のコストダウンのアイデア出しを、VE（バリューエンジニアリング）とブレーンストーミングの手法を用いておこなうというのでした。立場によってさまざまなアイデアが出てくるので驚きました。

　そうして夢中で仕事をしているうちに、大きな会議はもちろん、日常の小さな会議でも、関係する多くの部署の人たちが集まるのが当たり前なのだと気づきました。技術者、技能者だけでなく事務系の人もです。勤務先の仕事のスタイルは、総智・総力・協働が基本であり、それは創業以来の伝統でした。

　本社には様々な分野の開発者や技術者が大勢いて、未解明の問題に取り組んでいました。一方、工場の生産現場では、第一線の人たちが、日々の生産と改善業務に取り組んでいました。ところが、戦略的な新製品開発プロジェクトが起きたり、深刻な品質問題が発生したりすると、両者はすぐ一丸となって取り組みました。

　私は本社で働く一人の技術者でしたが、色々な開発者・技術者だけでなく、色々な職種の人たちとも一緒に仕事をすることができました。冒頭に夢中で過ごした34年間と書きましたが、本当に多くの先輩や同僚から、さまざまなことを教えてもらった、とても幸福な会社人生でした。

　『トヨタ流品質管理に学ぶ！　はじめての変化点管理』という本は、初版も今回の新版も、多くの先輩や同僚たち、彼らから教えられた経験なくして書き上げることはできませんでした。

できることなら、一人ひとりのお名前をここに書き、何を教えられたのかを明らかにすることで、感謝の気持ちを表したいところです。しかし、あまりにも多くてそれはできませんが、やはり初版の原稿がだいたいできた段階で、専門家としての目で見て、多くの助言をしてくださった方だけは明らかにし、ここで感謝の気持ちを表したいと思います。その方は、会社の大先輩で、元中部品質管理協会専務理事の杉山哲朗氏です。氏は、品質工学で有名な田口玄一先生にも師事した、品質管理の専門家です。

　最後に、変化点管理に対する筆者のこだわりと想いを、今の日本のモノづくりに必要と判断し、初版から今回の新版までリードしてくれたのは、日刊工業新聞社書籍編集部の鈴木徹氏です。氏のリードなしには、本書を世に送り出すことはできませんでした。心よりお礼申し上げます。

特別巻末付録　変化点管理チェックリスト

　生産現場における変化点の目の付け所、特に見落としがちな項目を5M1Eで分類しチェックリストにしました。これらの「動きや状態、兆候」を発見したとき、あるいはこれらの「変更（意図した変化点）」があるとき、意図しない変化が起きるとしたらどのようなものか、それがわかったら□の中にチェックマーク（レ）を入れてみてください。なお、すべての項目で意図しない変化が起きるとは限りませんので、お気をつけください。

MAN（作業者、オペレータ、現場管理者）
- □ 新人の配属
- □ 非正規社員の増加
- □ 熟練作業者による応援
- □ 熟練作業者の定年再雇用
- □ 今日は休日明け
- □ 今日は休日前日
- □ 今日は13日の金曜日で仏滅
- □ 今日は作業者の記念日（誕生日とか）当日あるいは翌日
- □ 老化を感じ始めたと打ち明ける熟練作業者
- □ 私的な悩みを相談してきた作業者
- □ 新人扱いされなくなる直前の新人作業者
- □ スキルマップがほとんど色塗りされてきた中堅の作業者
- □ 異常がなく単調な作業が継続中
- □ 異常が多発し、ポカヨケやチェックが増加
- □ 一般人多数が作業現場見学中
- □ 技術者（設計や生産技術、保全マン）の現場立ち入り
- □ 役員クラスの現場診断

- ☐ 初めての夜勤
- ☐ 朝礼時に顔色が悪い作業者
- ☐ 遅刻してきた作業者
- ☐ 朝一番で上司から叱られた作業者
- ☐ 不良の流出が発見された
- ☐ 身近なところで安全災害が発生
- ☐ 大幅な増産対応で高残業、休出が避けられない
- ☐ 大幅な減産対応で配置替えがありそう

MACHINE（設備、ツール、治工具）
- ☐ 連休明けの立ち上げ
- ☐ 耐用年数が近づいてきた設備
- ☐ 加工している内部の見えない処理装置
- ☐ レイアウト変更があり数十メートル移動した
- ☐ 振動が大きくなってきた
- ☐ 騒音が大きくなってきた
- ☐ 発熱が大きくなってきた
- ☐ 機械加工設備の床のよごれがひどくなってきた
- ☐ 1サイクルの時間を測定したら10％長くなっていた
- ☐ オイルパンにたまっている油の量が増えてきた
- ☐ 透明アクリルカバーや設備にある小窓が曇ってきた
- ☐ 安全性向上のため、安全カバーを増設
- ☐ 計画工事（改善、修理など）のあと
- ☐ うっかり非常停止ボタンを押して設備を止めてしまった
- ☐ 昼休み無人運転を始めた
- ☐ 多くの内製設備の中に、市販設備が1台導入された
- ☐ 人よりはるかに大きい設備
- ☐ あんどん、シグナルタワーが故障中でも設備稼働

MATERIAL（材料、部品、副資材）
- ☐ 材料置き場にある量がいつもより多い（または少ない）
- ☐ 材料置き場への運搬方法がハンドリフトからフォークリフトに変わった
- ☐ 材料を置き場へ運んでくる人が変わった
- ☐ 材料置き場が別の場所になった
- ☐ 副資材（潤滑油、洗浄剤、フラックス、アシストガス、マスキングテープ）のメーカーが変わった
- ☐ 通い箱内の部品の員数不足
- ☐ 通い箱内の部品の整列状態の異常（倒れ、方向が逆）
- ☐ 通い箱内に異物（ゴミ、虫、よごれなど）
- ☐ 通い箱が新品に更新された
- ☐ 材料、部品の保管期限がギリギリ
- ☐ 先入れ、先出しが守られていない
- ☐ 調達部品（または材料）の値段が大幅に上がった（または下がった）
- ☐ 調達部品（または材料）のリードタイムが大幅に短縮された
- ☐ 材料検査票の作成から承認までの期間がいつもより長い
- ☐ 材料検査票の承認印の名前が変わった
- ☐ 材料検査票が手書きから印刷に変わった
- ☐ 大きかった部品（または材料）のばらつきが大幅に小さくなった
- ☐ 仕入先での工程変更があった
- ☐ 期末時の棚卸があった

METHOD（作業手順、加工法、条件）
- ☐ 改善による手作業時間の短縮
- ☐ 手作業工程の自動化
- ☐ レイアウトの見直しで手作業時間が大幅短縮
- ☐ AGVの導入による運搬の自動化

- [ ] ロボット作業を高速化するためティーチングのやり直し
- [ ] 高精度化のため切削から研削へ変更
- [ ] 高速化のため研削から切削へ変更
- [ ] いつもより組み立てにくい（時間がかかる、力が必要）
- [ ] いつもとバリ取りの感触が違う
- [ ] いつもよりチップ寿命が短い
- [ ] プログラムやソフトウェアの変更（改善目的）
- [ ] 手順書、マニュアルのない非定常作業が増えた
- [ ] 平均ロットサイズが小さくなった
- [ ] 特急品の生産指示
- [ ] 全自動ラインで組み立てていた製品をセル生産で組み立て
- [ ] 計画生産からかんばん生産への変更
- [ ] 生産設備を使った実験（通常にはない加工条件）
- [ ] 旧品番や補給品などの臨時生産（現状設備や加工法が一部使えない）

MEASUREMENT（計測、検査、チェック）
- [ ] 実製品のマスターワークとしての長期間使用
- [ ] 実製品の限度見本としての長期間使用
- [ ] 耐久性のある特製マスターワーク
- [ ] 耐久性のある特製チェックゲージ
- [ ] 検査規格の変更（厳しくなる場合）
- [ ] 検査規格の変更（ゆるくなる場合）
- [ ] 検査方法の変更（全数検査から抜き取り検査へ）
- [ ] 検査方法の変更（抜き取り検査から全数検査へ）
- [ ] 検査条件の変更（抜き取り個数の変更）
- [ ] 検査の廃止
- [ ] 市販、汎用計測器のそのまま使用
- [ ] 計測器による自動記録が故障し作業者が筆記具と紙で記録
- [ ] 作業者による筆記具と紙での記録からHDへのデータ記録へ

- ☐ 作業者による官能検査（外観、操作性、触感、音、匂い、味、色彩）
- ☐ 旧品番や補給品などの臨時生産（現状の計測器や検査方法が使えない）
- ☐ 破壊しないとわからない検査項目（強度、接合状態、内部状態）
- ☐ 表示をアナログからデジタル表示へ
- ☐ 条件モニターで特性検査を代用
- ☐ 抵抗測定の電極をコストダウンのため金めっきから銅へ
- ☐ OEM製品の出荷検査

ENVIRONMENT（環境）
- ☐ 徹底した5S（特に清掃）後の生産現場
- ☐ 異常気象（工場周囲のみ）
- ☐ 異常気象（従業員の通勤圏内）
- ☐ 異常気象（広範囲な地域）
- ☐ 天窓の開閉
- ☐ 窓やドアの開閉
- ☐ 白熱電球での照明
- ☐ 蛍光灯での照明
- ☐ LEDでの照明
- ☐ 生産現場近くをフォークリフトが通る
- ☐ 生産現場近くで大型の溶接機が稼働中
- ☐ 生産現場近くで大型の塗装機が稼働中
- ☐ 工場内でイベント（地震避難訓練、組合の集会、住民の見学）
- ☐ 四季の変化、花粉の飛散、黄砂の飛来
- ☐ 停電、瞬間停電
- ☐ 空調室、クリーンルーム内の材料、部品、治工具の大量搬入
- ☐ 公共交通機関のトラブル（事故やストライキ）
- ☐ 工場ユーティリティ（工場エアー、クリーンエアー、水、純水、温水、電気、それらの配管や配線）
- ☐ ITシステム（定期的メインテナンス、トラブル発生と復旧）

主な参考文献（著者五十音順）

市川亨司『なぜなぜ分析と変更管理』（日刊工業新聞社　2013 年）
内田治『品質管理の基本　第 5 版』（日本経済新聞出版社　2016 年）
大野勝久ほか『Excel による経営科学』（コロナ社　2005 年）
岡田貞夫『トコトンやさしい作業改善の本』（日刊工業新聞社　2004 年）
古畑友三『5 ゲン主義　品質管理の実践』（日科技連出版社　1990 年）
実践マネジメント研究会編『安全なくして利益なし！　危険に気づく人づくり』
　（日刊工業新聞社　『工場管理』2014 年 10 月臨時増刊号）
寺倉修『「設計力」を支えるデザインレビューの実際』（日刊工業新聞社　2014 年）
原嶋茂『トコトンやさしいコンカレント・エンジニアリングの本』
　（日刊工業新聞社　2015 年）
深谷紘一『会社を育て人を育てる品質経営』（日本規格協会　2014 年）

索　引

【欧数】

1個流し ……………………… 42
2原 …………………………… 93
33活動 ………………………… 96
3現 …………………………… 93
3現主義 ………… 93, 95, 96, 97
3定 ……………………… 37, 91
5S …………………………… 91
5ゲン主義 ………… 93, 94, 97, 98
BCP ………………………… 173
CP …………………………… 173
DRBFM ………………… 167, 168
FMEA …………………… 85, 168
HYT ………………………… 44
KYT ………………………… 43
QAネットワーク …… 124, 127,
　　　　134, 135, 136, 137, 138
QAネットワークシート
　　　　……………………… 135, 136
QC診断 ……………………… 115

【あ行】

あんどん ………………… 50, 51
異常気象 …………………… 89
異常掲示板 ……………… 33, 34
異常連絡書 ………… 68, 69, 83
いじわる実験 ………… 103, 104
意地悪な操作 ……………… 79

五つのなぜ ………………… 92
オオカミ少年 ……………… 47

【か行】

過去トラ掲示板 ……… 33, 34, 85
過去トラ集 ………………… 115
管理項目 ………… 129, 130, 131
管理点 ……………………… 130
危機管理 ……………… 173, 174
機差 ………………………… 88
共有化 ……………………… 44
共用工具置き場 …………… 37
局所的な変化 ……………… 80
偶然原因 …………………… 60
現実 ……………… 95, 96, 103
現場の超知見 …………… 93, 98
源流管理 ……… 10, 11, 12, 13, 42
工程管理明細表 …………… 129
工程変更届 ………………… 83
コンカレント・エンジニアリング
　　　　………………… 7, 138, 167
混成チーム ………………… 117

【さ行】

自働化 …………………… 51, 105
自動検出化 ………………… 113
自動制御機能 ……………… 113
シューハート ……………… 60
シューハート管理図 …… 60, 61

183

熟練者 …………………………… 78
初期流動管理 …………………… 11
職場風土 ……………… 45, 46, 47
ジョンソン・エンド・ジョンソン
　………………………………… 5
新顔 ……………………………… 64
スキルマップ ……………… 42, 118
設備内の見える化 ……………… 80

【た行】

第六感 …………………… 48, 64
タカタ …………………………… 5
多能工 …………………… 42, 78
団子 ……………………… 101, 102
チョイ置き ……………………… 37
定点観測 ………………………… 74
点検点 ………………………… 130
統一化 ………………………… 42
動画マニュアル ………… 39, 40
統計のウソ ……………………… 95
通り止まりゲージ ……………… 75
特採 ……………………………… 88
特殊原因 ………………………… 60

【な行】

なぜなぜ分析
　………… 92, 93, 98, 103, 104
なまもの ………………………… 51
人間力 …………………………… 46

【は行】

ハインリッヒの法則 …………… 43

はさみゲージ …………………… 75
初物検査 ………………………… 40
久しぶり ………………………… 78
ひもスイッチ …………………… 51
ヒヤリハット ……… 43, 44, 85, 104
標準化 ……………… 39, 40, 42, 93
品質検査成績表 ………………… 81
品質保証体系 …………………… 6
品質マネジメントシステム
　……………………………… 170, 171
副資材 ……………………… 82, 84
不正問題 ……………………… 162
不適合品 ……………………… 106
不適合ロット ………………… 105
プラグゲージ …………………… 75
古顔 ……………………………… 64
ブレーンストーミング …… 30, 85
変化点管理板（ボード）……… 52
防災訓練 ………………………… 53

【ま行】

未知の変化 ………………… 16, 17
モノづくりプロセス …………… 8

【や行】

要因系系統図 ……………… 92, 93

【ら行】

リアルタイム …… 51, 56, 74, 95
リスク管理 ……………… 173, 174
流用設計 ……………………… 168
連 ……………………………… 67

●著者略歴

原嶋　茂

作家
専門は、コンカレント・エンジニアリング、技術経営、和算小説。
元㈱デンソー生産技術部。
日本能率協会主催の「生産技術研究部会」「生産マネジメント研究会」の運営委員、中部品質管理協会主催のTQM講座「生産における品質マネジメント」、中部産業連盟主催のセミナー講師、愛知工業大学大学院　非常勤講師などを長く担当。
日本機械学会会員、日本経営工学会会員。
著書に『トコトンやさしいコンカレント・エンジニアリングの本』（日刊工業新聞社）、共著『工場長の教材』（日本能率協会）がある。

鳴海風の筆名で和算小説や児童書、歴史ノンフィクションも手がける。日本文藝家協会会員、新鷹会会員、日本数学協会会員、関孝和数学研究所研究員。
『円周率を計算した男』（新人物往来社）1992年第16回歴史文学賞、『江戸の天才数学者』（新潮社）、『円周率の謎を追う』（くもん出版）2017年第63回青少年読書感想文全国コンクール課題図書（中学校の部）、『鬼女』（早川書房）、『怒濤逆巻くも』（小学館）ほか著書多数。

【略歴】
1953年　新潟県生まれ。
1980年　東北大学大学院機械工学専攻修了。
　　　　日本電装株式会社（現・株式会社デンソー）入社。
　　　　以後、生産技術部で生産システム開発を担当。
　　　　デンソーの戦略的なコンカレント・エンジニアリング活動である「次期型製品研究会」や非自動車分野の「新事業開発」プロジェクトを数多くリード。
2006年　日本数学会出版賞。
2010年　愛知工業大学大学院卒業。博士（経営情報科学）。日本能率協会のCPE-ME。
2011年　日本経営工学会論文賞。
2012年　日本機械学会生産システム部門学術業績賞。
2013年　名古屋商科大学大学院卒業。MBA。ケースアワード2013。
2014年　デンソーを定年退社。

トヨタ流品質管理に学ぶ!
新版 はじめての変化点管理 NDC 509.6

2025年4月22日 初版1刷発行 定価はカバーに表示してあります

Ⓒ 著 者 原嶋 茂
　発行者 井水 治博
　発行所 日刊工業新聞社
　　　　〒103-8548
　　　　東京都中央区日本橋小網町 14-1
　電 話 書籍編集部 03（5644）7490
　　　　販売・管理部 03（5644）7403
　FAX 03（5644）7400
　振替口座 00190-2-186076
　URL https://pub.nikkan.co.jp/
　e-mail info_shuppan@nikkan.tech
　印刷・製本 美研プリンティング㈱

落丁・乱丁本はお取り替えいたします。　　2025 Printed in Japan
ISBN 978-4-526-08391-4　C3034

本書の無断複写は、著作権法上での例外を除き、禁じられています。